CICATRICES DE VALOR

El Arte de Sanar y Superar

Katty Altuve N.

Reservados todos los derechos. No se permite la reproducción total o parcial de esta obra, ni su incorporación a un sistema informático, ni su transmisión en cualquier forma o por cualquier medio (electrónico, mecánico, fotocopia, grabación u otros) sin autorización previa y por escrito de los titulares del copyright, excepto breves citas y con la fuente identificada correctamente. La infracción de dichos derechos puede constituir un delito contra la propiedad intelectual.

El contenido de esta obra es responsabilidad del autor y no refleja necesariamente las opiniones de la casa editora. Todos los textos e imágenes fueron proporcionados por el autor, quien es el único responsable por los derechos de los mismos.

Publicado por Ibukku, LLC
www.ibukku.com
Diseño de portada: Ángel Flores Guerra Bistrain
Diseño y maquetación: Diana Patricia González Juárez
Copyright © 2024 Katty Altuve N.
ISBN Paperback: 978-1-68574-826-5
ISBN Hardcover: 978-1-68574-828-9
ISBN eBook: 978-1-68574-827-2

Índice

INTRODUCCIÓN	5
AGRADECIMIENTOS	7
CAPÍTULO 1: Ascenso y Despertar	9
CAPÍTULO 2: El Despertar del Autocuidado: Priorizándolos en un Mundo Exigente	11
CAPÍTULO 3: Ecos de una Lucha Silenciosa	13
CAPÍTULO 4: El Umbral de la Determinación	21
CAPÍTULO 5: Mi paso por la UCI	25
CAPÍTULO 6: Recuperación Milagrosa - Los Días Posteriores al Quirófano	29
CAPÍTULO 7: Desafío de Salud - El Nuevo Diagnóstico	35
CAPÍTULO 8: Resurgiendo de la Adversidad: Un Nuevo Desafío Quirúrgico	39
CAPÍTULO 9: Equilibrio y Renacimiento	45
CAPÍTULO 10: Resiliencia Transatlántica: Esperanza entre Sombras	49
CAPÍTULO 11: El Precio de la Perseverancia. Primera entrada al quirófano	53
CAPÍTULO 12: En la Encrucijada del Valor	59
CAPÍTULO 13: Entre la Esperanza y la Angustia: Un Cumpleaños y una Cirugía	65
CAPÍTULO 14: Umbrales de Incertidumbre	71
CAPÍTULO 15: Reincidencia Quirúrgica - Reflexiones y Aprendizajes	75
CAPÍTULO 16: Renacimiento tras el bisturí	81

INTRODUCCIÓN

Adentrarse en el quirófano nunca es una experiencia agradable; en ocasiones, es simplemente inevitable. Hasta la fecha, he cruzado esa puerta en cinco ocasiones, enfrentándome a distintas patologías, cada una marcando una experiencia imprescindible en mi vida. Lo que resulta fascinante es que no solo mi cuerpo ha sido sometido a cirugías; mi alma y mi conciencia también han emergido transformadas tras cada procedimiento.

A menudo, nos sentimos seguros en la rutina de nuestra existencia 'normal', hasta que la vida nos lanza un giro inesperado, uno para el cual no estamos preparados. Sin embargo, es esencial aprender a mantenerse firme y seguir adelante, sin importar los obstáculos, como se presenten o cuando lleguen. Somos seres vulnerables a las eventualidades de la vida, pero enfrentarnos a esta nueva realidad es una elección: descubrir si somos débiles o fuertes, decidir si avanzamos frente a los desafíos o si nos dejamos caer en la desesperación.

En la etapa más productiva de nuestras vidas, a menudo nos consideramos infalibles, invencibles e inmortales, creyendo que nada malo puede sucedernos. Maltratamos y abusamos de nuestro cuerpo sin remordimientos, ignorando las señales de advertencia que nos envía. Confiamos ciegamente en que todo está bien y desoímos los gritos de 'alto' de nuestro propio ser, avanzando como si nada estuviera fuera de lugar. Solo cuando es demasiado tarde, nos damos cuenta de la gravedad de nuestra negligencia.

Lamentablemente, desde la infancia, y a medida que crecemos, ni nuestros padres ni nuestros maestros nos enseñan cómo cuidar, respetar y amar nuestro cuerpo y mente. Esta omisión es lo que me ha llevado a compartir mi historia, con la esperanza de que sirva como un recordatorio vital para todos.

AGRADECIMIENTOS

Deseo expresar mi más profundo agradecimiento a las personas que han sido pilares fundamentales en mi vida y en la realización de este libro.

Primeramente a Dios quien es mi creador, y guía cada paso de mi vida, me llena de bendiciones y amor cada día y es mi fuerza incondicional.

A mi amado esposo, mi compañero de viaje, cuyo apoyo incondicional ha sido esencial en cada etapa, tanto en los momentos previos como posteriores a mis cirugías. Su presencia constante y su aliento han sido un faro de esperanza y fortaleza en mi camino.

A mi amada hermana, cuyo soporte ha sido inquebrantable en cada paso dado. Nuestro apoyo mutuo ha sido el refugio en cada caída que hemos enfrentado juntas. A mi amada sobrina, cuya ayuda ha sido crucial en todos mis procesos y quien ha orientado los pasos para dar continuidad a este manuscrito.

A mi querido hermano, mi entrañable familia y amigos, cuya presencia y apoyo han sido un regalo invaluable en mi vida.

A mis amados padres, que aunque ya no están físicamente, siempre han sido y seguirán siendo mi fortaleza para avanzar en cualquier circunstancia de la vida. Estoy eternamente agradecida por haberme elegido como su hija y por todas sus enseñanzas y guía.

A cada uno de los doctores que, con su conocimiento y dedicación, me han guiado para determinar la mejor alternativa para mi bienestar y mejorar mi calidad de vida tras cada cirugía. Cada uno de ustedes ha dejado una huella imborrable en mi vida. Gracias por su profesionalismo, humanidad y compromiso con mi salud y recuperación.

CAPÍTULO 1: Ascenso y Despertar

Tras graduarme en la Universidad en Contaduría Pública, una carrera que cursé paralelamente a mi empleo, me invadió una profunda satisfacción. Había logrado una meta significativa. Como recién egresada y ya inmersa en el ámbito corporativo, mi título universitario me abrió las puertas a posiciones de mayor jerarquía y responsabilidad. No obstante, el mundo corporativo, junto con las presiones sociales, nos incita constantemente a no detenernos, a buscar continuamente nuevos horizontes y desafíos, tanto en lo profesional como en lo personal.

Con la mira puesta en el crecimiento, decidí ampliar mis horizontes académicos y profesionales. La competencia me impulsaba a exigirme más, para superarme día a día. En un giro inesperado, opté por tomar un tiempo y me trasladé a Londres por un corto tiempo para estudiar inglés, con la convicción de que esto me prepararía mejor para el futuro. A mi retorno, no busqué reintegrarme a la misma corporación; sentía que mi ciclo en esa empresa había concluido. Era el momento de explorar nuevos caminos, de conocer otras personas y de sumergirme en diferentes proyectos.

Me integré a una empresa mixta, con inversión nacional y extranjera, que exigía un compromiso casi total: jornadas extenuantes, trabajo durante fines de semana, una alimentación descuidada y un sueño insuficiente. Mi hogar se convirtió en un mero lugar de paso. Las comidas, apresuradas y fuera de horario, eran en cualquier restaurante a mi alcance.

Después de tres años de intensa labor, decidí seguir a mi antiguo jefe, quien había asumido el cargo de Director de Finanzas en una transnacional recién establecida en Venezuela. Aunque al principio me aseguraron que las jornadas laborales serían más razonables que en mi empleo anterior, con el tiempo la situación se tornó insostenible. Las horas de trabajo se alargaron, el clima laboral se volvió tóxico y lleno de vicios. A pesar de esto, viví momentos agradables y amenos, y surgieron grandes y maravillosas amistades con las que aún mantengo contacto en la actualidad.

A pesar de las adversidades, durante mi estancia logré ascender a puestos que me presentaron desafíos apasionantes. Era estimulante enfrentar lo desconocido y superar cada obstáculo. Mis jornadas se extendían hasta altas horas de la madrugada, a veces hasta 36 horas continuas. No había espacio para mí, ni para mi familia. Cada día era una montaña rusa de emociones y responsabilidades.

Me convertí en una pieza más del engranaje. Finalmente a lo largo de los años, comprendí que no valía la pena sacrificar mi salud y felicidad por incrementar los beneficios de estas corporaciones. Nos olvidamos de que tenemos el potencial de generar nuestra propia riqueza y de emprender, aunque el miedo a lo desconocido nos paraliza, manteniéndonos atrapados en la "carrera de la rata", como bien describe Robert Kiyosaki en *Padre Rico, Padre Pobre*. Dependemos de un salario para saldar deudas, sometidos a elevadas tasas de interés, y así, la vida se nos escapa sin apreciar lo verdaderamente esencial.

CAPÍTULO 2: El Despertar del Autocuidado: Priorizándolos en un Mundo Exigente

Con frecuencia, maltratamos nuestro cuerpo y mente, infringiéndonos daño de manera inadvertida, sin plena conciencia de las turbulencias internas que nos afligen. Nuestros pensamientos y emociones tienen el potencial de causarnos un daño significativo, y a menudo permanecemos ajenos a este hecho, sumidos en un perpetuo estado de estrés.

En este contexto, solemos colocar las necesidades de los demás por encima de las propias. Desde la infancia, se nos inculcan reglas, normas, creencias religiosas y paradigmas sociales que no siempre comprendemos ni elegimos, sino que nos son impuestos, limitando nuestra libertad de elección.

En la educación que recibimos en nuestros hogares y escuelas, debería prevalecer la enseñanza del amor propio, el reconocimiento de nuestro valor intrínseco y el respeto hacia nosotros mismos, así como la exigencia de que la sociedad nos respete como seres humanos dignos.

En mi experiencia personal, me cuestiono si haber sido sometida a cinco intervenciones quirúrgicas por distintas patologías fue consecuencia del estrés acumulado, de extenuantes jornadas laborales, de no disponer de herramientas adecuadas para afrontar la vida o de no haber buscado ayuda a tiempo debido a creencias arraigadas sobre enfermedades familiares, o simplemente por no haberme priorizado a mí misma. Siempre intenté complacer a los demás, diciendo "sí" cuando en realidad quería decir "no", y relegando mis propias necesidades.

No puedo afirmar con certeza si esta negligencia hacia mi bienestar fue un factor que contribuyó a mi deterioro de salud. Sin embargo, lo que sí puedo afirmar es la importancia de la transición hacia la autoconciencia y el reconocimiento de la necesidad de priorizarnos a nosotros mismos en un mundo que con frecuencia exige que centramos nuestra atención en los demás.

CAPÍTULO 3: Ecos de una Lucha Silenciosa

Iniciaré el relato de la operación que, por su duración, complejidad y riesgo, se convirtió en un hito en mi vida: mi cuarta cirugía, realizada en abril de 2017. A finales del año 2016, un diagnóstico inesperado cayó sobre mí como una sombra: un tumor en mi páncreas. A pesar de los numerosos análisis y de las adversidades propias del contexto nacional de aquel entonces, no era plenamente consciente de que, sin una intervención quirúrgica, mi existencia podría acortarse drásticamente. Estos tumores, de crecimiento lento, pueden llegar a ser inoperables si no se actúa con prontitud. Esta condición me situaba como candidata para una compleja operación de Whipple, o pancreatoduodenectomía.

Recuerdo aquel día en que, durante un control rutinario, un eco abdominal reveló algo inusual. La radióloga, con premura, fue en busca de su colega. Al volver, escuché cómo le decía: "¿Ves lo mismo que yo? Parece una lesión en el páncreas». Esas palabras desataron un torbellino en mi pecho y un escalofrío me recorrió. Con voz temblorosa, pregunté: «Doctora, ¿a qué se refiere con ‹lesión›? Por favor, explíquenme». A pesar de mi estado de shock, intenté concentrarme en su respuesta tranquilizadora: "No te preocupes, vamos a solicitarle más pruebas para confirmar nuestras sospechas y descartar cualquier anomalía".

Después del eco, se programó una tomografía computarizada (TAC). El resultado no mostró nada alarmante y el radiólogo, con aparente despreocupación, me aseguró que no había lesión visible en el páncreas y que todo estaba 'bien'. Aquel día, Caracas estaba inmersa en el caos de las protestas de la oposición contra el gobierno; la autopista estaba bloqueada y el tráfico era un caos.

Con los resultados de los análisis de sangre y las ecografías en mano, incluyendo el eco abdominal y el TAC, acudí a la consulta con la ginecóloga, con los exámenes de rutina solicitados, quien me derivó inmediatamente al gastroenterólogo. Este último me aconsejó someterme a una gastroscopia y una colonoscopia. Nunca antes había pasado por estos procedimientos y recuerdo que, el día previo, ayuné, consumiendo únicamente caldos y un líquido especial para limpiar el estómago; un proceso incómodo pero necesario para la claridad del estudio.

En el consultorio, me prepararon con una vía intravenosa y me sedaron por el tiempo que duró el procedimiento. Posteriormente, me enviaron a casa a recuperarme. Durante la consulta de seguimiento, los resultados revelaron: 1) Una gastritis, de la cual se tomó una biopsia; 2) Reflujo duodenogástrico moderado. La biopsia confirmó una gastritis crónica multifocal causada por Helicobacter pylori.

Durante la consulta, la doctora y yo mantuvimos una extensa charla en la que me detalló el proceso del estudio que había llevado a cabo. Me recetó un tratamiento para la gastritis y la infección bacteriana; además, en la entrevista, realizó una evaluación de mi historial familiar. Su objetivo era descartar cualquier anomalía en el páncreas, y aunque la tomografía axial computarizada (TAC) no revelaba lesiones, decidió remitir a un especialista para un examen más detallado y solicitó un "ultrasonido endoscópico" para descartar algún LOE pancreático.

Acudí a la cita con el nuevo médico, llevando conmigo todos los análisis previos. Tras examinarme, me facilitó la orden para el ultrasonido endoscópico. El día del procedimiento, recuerdo que debía estar en ayunas durante algunas horas, aunque no era necesario realizar una limpieza estomacal exhaustiva. Al ingresar al cuarto de estudios, me invadía el nerviosismo ante lo desconocido. Las enfermeras me prepararon para la anestesia y el médico, al acercarse a la camilla, pareció notar mi ansiedad y comenzó a bromear diciendo que, aunque sus colegas lo consideraban el mejor para este estudio, él no estaba tan seguro. Le respondí que, de no ser el mejor, no estaría allí realizando el procedimiento. Ambos nos reímos.

El objetivo del estudio era examinar el páncreas. Antes de comenzar, el médico me confirmó que la TAC no había mostrado lesiones, pero que el ultrasonido endoscópico podría revelar anomalías no detectadas previamente. Una vez anestesiada, el médico inició el procedimiento, que descubrió un LOE quístico entre la cabeza y el cuello del páncreas, un pequeño tumor en el órgano. Por ello, se recomendó un análisis más exhaustivo mediante una biopsia por punción con aguja.

Reflexiono sobre la importancia de la decisión de la gastroenteróloga de enviarme a un especialista y de ordenar el ultrasonido endoscópico. Si se hubiera limitado a los hallazgos del radiólogo que realizó la TAC, no puedo imaginar en qué situación estaría ahora. Destacó la relevancia de los exámenes de rutina y de la consulta con especialistas competentes, evitando dejar nuestra salud en manos de quienes no están cualificados para brindar recomendaciones pertinentes. Un diagnóstico oportuno puede cambiar el curso de una vida.

El médico me entregó la orden para el nuevo examen, que consistía en un ultrasonido endoscópico con una aguja especial para obtener un diagnóstico más certero y determinar la operabilidad de la lesión. Al recibir el presupuesto, me percaté de que la aguja necesaria para el procedimiento no estaba incluida y que la clínica no se responsabilizaba de proporcionarla. Esto significaba que debía encargarme personalmente de adquirir la aguja, cuyo proveedor desconocía, para poder llevar a cabo el examen indicado.

A finales de 2016, Venezuela atravesaba una recesión, sumida en una profunda crisis económica y social. La escasez de insumos médicos era alarmante; laboratorios y proveedores cerraban, en casi todos los ámbitos, muchas empresas cerraron sus puertas dejándonos en una situación precaria. Ante la necesidad de encontrar agujas específicas para un procedimiento médico, exploré todas las opciones disponibles, incluyendo contactar a familiares en el extranjero y buscar distribuidores en línea. A pesar de recibir cotizaciones de Estados Unidos, Colombia y Europa, fue una sobrina en Europa quien, tras hablar con conocidos, me puso en contacto con distribuidores locales desconocidos para nosotros.

La búsqueda fue caótica. Incluso los distribuidores venezolanos que la clínica me había recomendado habían cerrado. Tras dos semanas de intensa búsqueda, dimos con un proveedor que, irónicamente, solo aceptaba dólares debido a la devaluación fuerte del bolívar. La importación era inviable por costos y tiempos, así que, en un acto de desesperación, mi esposo y yo recurrimos al mercado negro.

El seguro rechazó cubrir un segundo estudio necesario, agotada la cobertura por exámenes previos, lo que nos sumió en un mayor desembolso financiero. A pesar de la angustia, ansiedad y frustración, persistimos, conscientes de la importancia del diagnóstico. Finalmente, organizamos y realizamos el estudio con la aguja.

El esfuerzo valió la pena: el estudio eco endoscópico reveló una lesión de 10 mm en el páncreas, un hallazgo crucial para nuestras decisiones médicas. A pesar de los obstáculos, mi esposo y yo logramos superar las adversidades del contexto venezolano y alcanzar nuestro objetivo.

Además de los análisis previos, se solicitó una biopsia al servicio de patología de la clínica. Se recibieron 08 frotis de punción aspirativa con aguja fina del área entre el anillo y el cuerpo del páncreas, coloreados con la técnica de H&E. Junto con la biopsia, se pidió un estudio inmunohistoquímico adicional utilizando la misma muestra. El diagnóstico confirmó la presencia de un tumor neuroendocrino de Grado 1. Este último examen definió con precisión el diagnóstico. Durante la tercera semana de enero de 2017, el médico especialista que llevó a cabo los estudios me informó que, en términos coloquiales, se había encontrado un tumor benigno en el páncreas. Aunque era pequeño, era necesario considerar una intervención quirúrgica. Me quedé inmóvil, sobrecogida por la noticia, sintiendo un frío intenso recorrer mi ser y mi corazón latiendo con fuerza. Era la confirmación de un temor que había rondado mi mente desde la primera punción. Al preguntar sobre la posibilidad de un procedimiento alternativo al quirúrgico, el médico fue claro: la cirugía era la única opción. Con desesperación, rechacé la idea de operarme, recordando la difícil experiencia que había vivido mi hermana once años atrás con una cirugía similar. El médico explicó que estos tumores, son de crecimiento lento, podrían volverse malignos si no se tratan a tiempo. "Eres joven y podrías vivir muchos años más. Si no operas este tumor, tu vida podría acortarse y complicarse en unos seis o siete años y tu salud podría verse afectada y en una situación difícil y se pudiera convertir en inoperable. Es un tumor que podemos combatir ahora, dada su pequeña dimensión", me aconsejó. Al mencionar al cirujano que me había operado de un mioma en 2012, su respuesta fue alentadora: "No podrías estar en mejores manos. Ese cirujano es uno de los mejores del país. No lo dudes y concierta una cita con él cuanto antes". En conclusión, todos los estudios indicaban la presencia de un tumor neuroendocrino que el radiólogo no había detectado en el TAC. Agradezco a Dios por haber puesto en mi camino a tres doctoras decisivas: la radióloga que descubrió la anomalía pancreática en el eco abdominal, la ginecóloga que me remitió inmediatamente a un gastroenterólogo y la gastroenteróloga cuya intuición me llevó al especialista que realizó el ultrasonido endoscópico.

Mis inquietudes respecto a este tipo de procedimiento quirúrgico provenían de una experiencia familiar: hace 11 años, mi hermana mayor se sometió a una operación similar, y el proceso fue arduo tanto para ella como para nuestros seres queridos, debido a la naturaleza de la cirugía y el periodo de recuperación. Además, la idea de una incisión que atravesara mi abdomen de lado a lado me disuadía; en aquel entonces, mi preocupación superficial era la imposibilidad de usar bikinis de dos piezas en el futuro. Reflexionando ahora, me doy cuenta de que esa cicatriz sería un testimonio de mi historia y me permitiría disfrutar de la vida plenamente.

Contacté al cirujano, quien estaba a punto de salir del país por dos semanas. Le presenté mi situación y me sugirió realizar ciertos exámenes, aunque ya los tenía en mi poder. "Te contactaré a mi regreso para concertar una cita", me aseguró. Mientras tanto, no podía dejar de pensar en la complejidad de la operación y en la recuperación, temiendo la dependencia de una máquina para alimentarme. Para distraerme, me enfoqué en el trabajo y profundicé en mi práctica de meditación y yoga, disciplinas que ya formaban parte de mi vida y de las cuales había experimentado sus beneficios.

Antes de esta cirugía, ya había enfrentado tres procedimientos quirúrgicos. El día de la consulta, me sentía más serena y dispuesta a aceptar que la operación era necesaria para mi bienestar. Presenté todos mis exámenes al cirujano, quien confirmó la necesidad de operar, indicando que sería un procedimiento similar al de mi hermana. Me explicó el proceso quirúrgico detalladamente y me entregó el informe médico y el protocolo para solicitar el presupuesto. Informó que debía viajar nuevamente y que regresaría en dos meses, tiempo en el cual debía tener todo preparado para la cirugía, incluyendo la solicitud anticipada de ciertos insumos escasos debido a la situación precaria del país. En Venezuela, la escasez de insumos médicos, medicamentos y comida era un tema recurrente. Al despedirme, le aseguré al médico desde la puerta: "Me prepararé tanto física como mentalmente para esta cirugía".

Al abandonar la consulta médica, estaba convencida de que la intervención quirúrgica era mi única alternativa y que debía prepararme adecuadamente para enfrentarla. En los dos meses previos a la cirugía, me dediqué a fortalecer mi mente y cuerpo. Mis mañanas comenzaban con sesiones de meditación, seguidas de 2 a 3 horas diarias de yoga, pilates y ejercicios específicos para fortalecer brazos y piernas, sin olvidar las prácticas de respiración. Cerraba el día con otra sesión de meditación. Durante ese periodo, me entregué por completo al cuidado personal, aunque sin descuidar otras actividades.

Al revisar el presupuesto en la clínica, la cifra me impactó tanto que estuve a punto de llorar. La economía atravesaba una recesión e inmersa en una profunda hiperinflación y el presupuesto tenía una fecha de caducidad inminente. Decidí volver a consultar con la aseguradora, a pesar de que mi cobertura estaba agotada, ya que existía una cláusula para enfermedades de alto costo. Presenté el presupuesto y el informe médico, acompañados de una carta en la que solicitaba la aprobación de la cobertura, que representaba cerca del 10 % del costo total de la operación.

Amigos y familiares me informaron que hay entidades públicas y privadas que brindan apoyo financiero para cirugías de alto costo y riesgo. Junto con mi hermana, retirada de la industria petrolera, redactamos cartas dirigidas a dichas entidades, adjuntando la documentación médica y el presupuesto. Presentamos la solicitud a varias entidades gubernamentales en manos del Gobierno y la oposición y a una empresa privada líder en Venezuela. La aseguradora rechazó la cobertura de alto costo, argumentando que no aplicaba al ser un tumor benigno. Parecía que debía demostrar una condición terminal para acceder a la cobertura especificada en la póliza. Hubo conversaciones con el Banco Central de Venezuela, donde depositamos nuestras esperanzas, ya que podían conceder una ayuda del 70 % al 80 %. La solicitud había superado todos los filtros de aprobación y estaba pendiente de la firma del Presidente de la entidad cuando, inesperadamente, se suspendió la asignación de fondos para salud, dirigiéndose a atender la crisis social en Venezuela. En aquel momento, para los gobernantes, era prioritario gestionar la revuelta en lugar de destinar recursos a salvar vidas. En 2017, la represión a las protestas parecía ser más importante que la asignación de fondos para la salud.

La ironía de la vida se manifiesta en las respuestas de las instituciones. La Gobernación de Miranda, Empresas Polar, el Banco Central de Venezuela e Ipostel no brindaron apoyo alguno. Solo recibí una ayuda simbólica, cercana al 1 %, de la Alcaldía de Carrizal y PDVSA tras la operación. Empresas Polar condiciona su colaboración a la participación de otras entidades, mientras que la Gobernación de Miranda, alineada con la oposición en aquel entonces, parecía jugar en el mismo equipo que el Gobierno, pues tampoco ofreció asistencia. Me veía en un bucle, siendo remitida de una entidad a otra.

Llegó un punto en que la desidia generalizada del país y el constante pasar la responsabilidad me agotaron. Empecé a pensar que ni el gobierno ni la oposición tenían una solución real; era un caso de "sálvese quien pueda". No comprendía la razón de ser de organismos supuestamente asistenciales, que sólo revelaban su inutilidad en momentos críticos. Me sentí mendigando por mi salud y decidí no suplicar más. Esta decisión, influenciada por amigos y familiares, fue también una consecuencia de la falta de cobertura de seguro; un proceso agotador.

Cuando el BCV notificó que no efectuaría el pago, el tiempo para la cirugía se acercaba inexorablemente. Evaluamos nuestras opciones restantes y optamos por utilizar nuestros ahorros para financiar la operación. Pensé que, al fin y al cabo, los ahorros están para emergencias como esta. Sin embargo, me preocupaba por aquellos en mi situación sin recursos; en este país, la falta de medios equivale a una sentencia de muerte, y eso es lo que ocurre: la gente muere por negligencia porque el sistema de salud es deficiente. Es una situación lamentable y triste para un país con recursos suficientes para ofrecer una calidad de vida superior a la de otras naciones latinoamericanas.

Recuerdo la dificultad para encontrar los medicamentos prescritos. Organizamos los preparativos para la operación y viajamos a Panamá, donde se encontraban nuestros ahorros. Pasamos una semana allí, planificando la cirugía y adquiriendo los medicamentos necesarios para el postoperatorio. Era crucial contar con ellos, ya que tras la intervención debería guardar un largo reposo y seguir un tratamiento adecuado para una recuperación óptima.

CAPÍTULO 4: El Umbral de la Determinación

La fecha clave estaba marcada en el calendario: 20 de abril de 2017. Con cuarenta y ocho horas de anticipación, los últimos detalles financieros con la clínica se habían resuelto, y yo me encontraba preparada, una vez más, para enfrentar el quirófano. El día anterior a la cirugía, el 19 de abril, resonaba con un significado adicional: se celebraba el día de la independencia de Venezuela. En un acto simbólico y desafiante, se convocó a una gran manifestación. Con determinación, le dije a mi esposo: "Asistamos a esa marcha. Necesito liberar esta tensión y alzar mi voz contra este gobierno incompetente, cuya destreza parece limitarse a la corrupción, a cooptar voluntades, a desmantelar lo que funciona, a inutilizarlo y a sumir en la miseria a cada ciudadano de nuestro país".

Nos sumamos a la multitud y marchamos hasta la autopista, donde la atmósfera se cargó de tensión. La policía no tardó en responder con bombas lacrimógenas, intentando dispersarnos. "Ahí se va el dinero que debería haber cubierto mi operación", comenté a mi esposo, entre risas amargas, intentando encontrar algo de humor en medio de la desesperanza.

Ese día, me permití disfrutar de la comida sin restricciones, consciente de que, tras la cirugía, mi dieta cambiaría drásticamente, limitándose en un noventa por ciento. Me entregué al placer de saborear cada bocado, como si no hubiera un mañana. A pesar de los nervios, que sorprendentemente no eran tan abrumadores como en ocasiones anteriores, estaba consciente de que esta operación sería distinta: más extensa, con una duración estimada entre siete a ocho horas, y con un nivel de complejidad mayor.

En la clínica, completé meticulosamente un cuestionario de salud que detallaba aspectos de mi vida y mi entorno familiar. Además, firmé un consentimiento informado, asumiendo la responsabilidad de cualquier eventualidad durante el procedimiento y liberando de culpa a la clínica y los médicos.

Se anticipa que las primeras cuarenta y ocho horas transcurrieron en la unidad de cuidados intensivos, seguidas por una semana de hospitalización.

Contra todo pronóstico, la noche previa logré conciliar algo de sueño. Mi mente, en esta ocasión, se aferraba a pensamientos positivos, en marcado contraste con las tres operaciones que había enfrentado anteriormente. Me convencí de que todo saldría bien, que había preparado mi mente y mi cuerpo para afrontar la sala de operaciones con la fortaleza de un campeón. Esta vez, sentía que tenía el control.

El día de la operación, nos levantamos antes del amanecer y partimos con suficiente antelación, previendo que las revueltas pudieran obstruir los caminos hacia la clínica. El procedimiento se realizaría en el Centro Médico de Caracas, ubicado en San Bernardino. Llegamos aproximadamente a las 6:00 a. m., siendo la segunda paciente en arribar. Había varias personas más, todas con cirugías programadas para ese día. Al llegar el personal de admisión, nos atendieron con eficiencia, proporcionándonos las indicaciones y el apoyo necesario para prepararnos. Ascendimos acompañados de un asistente que nos brindó instrucciones claras y nos señaló hasta dónde podían acompañarnos nuestros seres queridos.

Llegó uno de los momentos más duros y difíciles de esta etapa, despedirme de mi esposo, antes de la cirugía fue uno de los instantes más desafiantes. Esta vez, la operación prometía extenderse por horas en el quirófano, y las palabras escaseaban para describir la intensidad de nuestras emociones. Nos abrazamos con tal fuerza que, a pesar de sus lágrimas, su abrazo me dio el valor para avanzar. Tras unos pasos, volví hacia él para un último abrazo y beso, asegurándole que todo saldría bien y pidiéndole confianza en mi preparación y en un nuevo comienzo. Me alejé, permitiéndome derramar algunas lágrimas, mezclando miedo e incertidumbre con la confianza en mi preparación.

Ese día, la cirugía quedaba en manos de Dios, del Dr. José Gregorio Hernández (los venezolanos somos devotos, fue canonizado por el papa Francisco), el ángel de mi madre y un equipo médico excepcional. Agradecidos por haber detectado el tumor a tiempo, confiábamos en que todo saldría bien. La preparación preoperatoria fue meticulosa. No podía estar en mejores manos y me sentía confiada; me había preparado para esta, mi cuarta entrada al quirófano.

El equipo quirúrgico, incluyendo anestesiólogos y enfermeras, estaba listo. La anestesióloga me informó sobre la colocación de dos vías intravenosas, una central para la administración de la anestesia dada la duración de la operación. Solicité que la vía central se colocará una vez estuviera anestesiada.

El encuentro con el cirujano fue tranquilizador. Le expresé mi calma y le entregué mi confianza. En un gesto de fe, tomé sus manos, las besé y en mi mente susurré que sus manos eran las manos de Dios que le guiarán en todo el proceso que nos esperaba ese día para remover el tumor. Para mi comodidad, pedí almohadas bajo mis rodillas durante la operación, debido a cirugías previas de columna. Finalmente, la anestesióloga procedió con la vía periférica y la administración de la anestesia. El oxígeno fluyó, el conteo regresivo comenzó y me sumí en un profundo sueño.

"La cirugía con la técnica de Whipple, o duodenopancreatectomía, es la cirugía que se realiza con mayor frecuencia para el cáncer de páncreas. En un procedimiento de Whipple estándar, el cirujano extirpa la cabeza del páncreas, la vesícula biliar, parte del duodeno, una pequeña parte del estómago y los ganglios linfáticos cercanos

a la cabeza del páncreas. Luego, vuelve a conectar lo que queda del páncreas y los órganos digestivos a fin de que las enzimas pancreáticas digestivas, la bilis y el contenido del estómago fluyan hacia el intestino delgado durante la digestión".

Pancreatic Cancer Action Network

Según el informe médico, la cirugía implicó la disección de la cabeza del páncreas y el conducto colédoco, así como de la arteria hepática y la vena porta. Se identificó y liberó la vena mesentérica de la superficie anterior del páncreas a nivel del cuello. La resección se inició con una gastrectomía subtotal y colecistectomía, continuando con la transición del páncreas en su cuello y del colédoco a 4 cm por encima del duodeno, con ligadura de la arteria gastroduodenal. La muestra quirúrgica, que incluyó el duodeno, parte del estómago y la cabeza del páncreas, fue enviada para análisis histopatológico mediante congelación, revelando un tumor neuroendocrino con márgenes negativos para malignidad. La reconstrucción del tránsito digestivo se llevó a cabo con una pancreato-yeyunostomía termino-lateral y una gastroenteroanastomosis latero-lateral utilizando una grapadora automática GIA 75.

De acuerdo al informe médico, la incisión quirúrgica midió 27 cm, extendiéndose a través del páncreas, duodeno y antro gástrico, y se incluyó la extracción de la vesícula biliar. Debido a la complejidad de la operación, mi hermana permaneció alrededor de 15 días sin consumir alimentos por vía oral, recibiendo nutrición intravenosa en la clínica y, más tarde, en casa solo ingesta de líquidos, dejándola con una sonda por dos semanas por si se presentaba alguna emergencia. Esta situación era precisamente lo que me generaba ansiedad. En mi caso, al día siguiente de ser trasladada de la UCI, que correspondió aproximadamente al quinto día postoperatorio, ya me estaban administrando líquidos. Al tolerarlos sin inconvenientes, al día siguiente iniciaron la introducción de alimentos sólidos. Para el equipo médico, esto representó un éxito rotundo; en resumen, a los 6 días de la intervención, ya estaba consumiendo líquidos y sólidos blandos por vía oral sin complicaciones.

CAPÍTULO 5: Mi paso por la UCI

Mi ingreso a la Unidad de Cuidados Intensivos (UCI) se produjo un jueves por la tarde, tras la operación, y concluí mi estancia el domingo en la tarde. Al recobrar la consciencia después de la cirugía, me abrumó la cantidad de tubos y dispositivos a los que estaba conectada: drenajes, sondas y un tubo endotraqueal. Unos dispositivos en mis piernas me proporcionaban masajes y movimientos automáticos. Sin poder hablar ni moverme, me invadió una sensación insoportable; aquellos tres días se convirtieron en los más eternos de mi existencia. Recordé, once años atrás, la operación de mi hermana y el dolor que sentí al verla rodeada de tubos y aparatos en la UCI, sin imaginar que, tiempo después, yo viviría esa misma realidad.

Mi estancia se prolongó un día adicional ya que, durante mi tiempo en la UCI, mi nivel de hemoglobina cayó, un contratiempo que no se había presentado en quirófano. Recibí transfusiones de sangre en dos ocasiones debido a que mi hemoglobina no se estabilizaba y, además, padecía de episodios de taquicardia. En la UCI, perdí toda noción del tiempo; incapaz de discernir si era día o noche, madrugada o atardecer. El tubo en mi garganta y nariz resultaba extremadamente incómodo. Recuerdo al doctor acercándose y preguntándome: "¿Y esa cara?". Yo le contesté en mi mente: "Es la única que tengo". Probablemente, mi rostro reflejaba más angustia que dolor.

Al día siguiente de la operación, mi esposo logró entrar a la UCI para verme brevemente. Con gestos, le rogué que me trajera un lápiz y papel para tratar de escribirle y, con señas, conversara con el médico sobre la posibilidad de retirar el tubo, aunque eso no se concretó. A pesar de que el dolor no era insoportable, a veces exageraba mi malestar para que me administraran calmantes, lo que me permitía dormir y olvidar la presencia del tubo, facilitando así la situación.

El primer tubo que me retiraron fue el de la garganta; no pueden imaginar el inmenso alivio que experimenté. Al día siguiente, tras mi aseo personal, realizado por las enfermeras debido a mi limitada movilidad, el cirujano personalmente me extrajo el tubo nasal. Ambos procedimientos fueron incómodos, pero a la vez, sentí una liberación indescriptible.

La sed era constante y pedía agua sin cesar. Las enfermeras humedecían una gasa y la pasaban por mis labios. Una de ellas me advirtió que si absorbía la humedad, no podrían seguir humedeciéndolos, pero, desesperada, absorbí la gasa. La enfermera me reprendió por mi comportamiento. Mi sed se intensificaba con cada despertar, hasta que finalmente el médico sugirió que me dieran cubos de hielo. Ese fue un alivio glorioso que me acompañó durante las horas restantes en la UCI; lo único que hacía era chupar hielo.

Durante mi última noche en la Unidad de Cuidados Intensivos, presencié un evento que quedó grabado en mi memoria. Un hombre, víctima de un infarto, fue ingresado al cubículo frente al mío. El ajetreo del personal médico y de enfermería era palpable. A pesar de sus esfuerzos, el hombre falleció. Aquella escena me impactó profundamente y, en medio de la conmoción, agradecí internamente por mi propia vida y por la recuperación que estaba experimentando.

Esa misma noche, durante una guardia nocturna, solicité un par de cubos de hielo a una enfermera, quien me informó que no podía proporcionarlos, ya que esa tarea correspondía exclusivamente a la camarera. A lo largo de la noche, cada vez que preguntaba, la respuesta era que la camarera estaba en proceso de conseguirlos. Sin embargo, el hielo nunca llegó durante ese turno de ocho horas. Al cambiar el personal, pedí nuevamente hielo a otra enfermera y, para mi sorpresa, lo recibí en menos de un minuto. En ese instante, sentí un profundo alivio, como si viera a Dios en ese simple gesto de saciar mi sed.

Esta experiencia fue angustiosa y frustrante, y no es algo que le desearía a nadie. Ahora, cada vez que tengo la oportunidad de beber agua, doy gracias por la capacidad de disfrutar de algo tan esencial y reconfortante.

CAPÍTULO 6: Recuperación Milagrosa - Los Días Posteriores al Quirófano

Los progresos tras la intervención quirúrgica fueron notables, tal como indicaron los informes médicos. Permanecí tres días en la unidad de cuidados intensivos, experimentando una evolución favorable que sorprendió al equipo médico. Incluso el cirujano señaló que, a pesar de la complejidad de la operación, mi estado había facilitado su labor. A los pocos días de haber sido trasladada de la UCI, durante una de sus visitas, el médico me encontró bañada, desayunada, después de haber caminado por el corredor y leyendo un libro en el sofá, adoptando la posición de Loto. Su asombro fue evidente cuando exclamó: "Solo han pasado seis días desde que saliste del quirófano de una operación sumamente complicada. ¿Cómo es posible que estés sentada así? ¡Es una locura!". Le expliqué que me sentía en buenas condiciones y que no habría elegido esa postura de sentir dolor o malestar, pero que estaba realmente cómoda. Aquella noche, me llamó para indagar sobre lo que había hecho para lograr una recuperación tan positiva. Le recordé nuestra conversación previa a la cirugía, cuando le mencioné que me prepararía tanto física como mentalmente. Eso fue exactamente lo que hice: dediqué largas horas diarias a la meditación, yoga, pilates y ejercicios de extremidades. A pesar de la gravedad de la cirugía, mi bienestar era palpable. No obstante, no todo era perfecto; las molestias típicas postoperatorias estaban presentes, y los drenajes me imponían ciertas limitaciones. Aunque mi movilidad era reducida, era tolerable. Con la asistencia de mi esposo y bajo la supervisión médica, lograba bañarme, comer y caminar por mí misma.

Los comentarios que llegaron a mis oídos indicaban que varios médicos se mostraron impresionados por mi estado al visitar el quirófano donde fui operada. No fue necesaria ninguna transfusión durante la operación, ya que el sangrado fue menor al esperado, y el procedimiento resultó ser un éxito. La Dra. Radióloga, quien había detectado el tumor inicialmente, tuvo el privilegio de asistir en el quirófano, marcando el punto exacto para el primer corte y la extracción del tumor. Tanto en la UCI como en mi habitación, mi recuperación fue sobresaliente; mi cuerpo respondió excepcionalmente bien

Mi esposo se instaló en la clínica para acompañarme las 24 horas del día, saliendo solo en ocasiones puntuales debido a las restricciones de movilidad en la ciudad por protestas. Durante los seis días en la habitación, mi mejoría fue constante. El manejo del dolor, las terapias respiratorias, las radiografías diarias para monitorear mis pulmones y los análisis de laboratorio para evaluar mi evolución, fueron parte de mi tratamiento. La atención de las enfermeras fue impecable. En algunas noches, para poder descansar, confesaba a la terapeuta del dolor y de sentir más malestar del real para recibir calmantes; esa era mi pequeña travesura.

Se presentó otro instante largamente esperado: el alta de la clínica. La impaciencia me consumía, ansiando volver a casa. Finalmente, el viernes, tras evaluar mi recuperación, el médico me anunció: "Ya puedes regresar a casa". Con ese permiso, procedió a retirarme los dos drenajes que expulsaban líquido de mi abdomen, un proceso normal y esperado, y también la vía central de mi cuello. Durante la espera, que me pareció interminable, tuve que cambiarme las gasas varias veces. Aunque me trajeron el almuerzo, la espera se prolongó. Mi esposo tuvo que bajar repetidas veces a administración debido a un desajuste entre el presupuesto inicial y el costo final, algo que no nos sorprendió dada la situación económica y las revueltas en el país. Finalmente, sin la capacidad de pagar la diferencia, firmamos un pagaré a dos meses.

Cuando nos autorizaron la salida, mi desesperación por abandonar la clínica era tal que no quise esperar al camillero; opté por caminar por mi cuenta. Sorprendentemente, me sentía en excelente forma. Al llegar a casa, la nostalgia me invadió; todo estaba intacto, como lo había dejado antes de la cirugía. En ese momento, tuve el impulso de abrazar mi hogar, un sentimiento casi irracional. La ausencia había intensificado mi apego a mi espacio personal.

Además, mi esposo había retenido mi teléfono móvil y, a mi regreso, se negaba a devolvérmelo hasta el día siguiente. Me comporté como una niña a la que le han prohibido algo, deseando fervientemente revisar mis mensajes. Sin embargo, tuve que resignarme a pasar otra noche más sin mi valioso dispositivo.

Me encontraba en un estado de debilidad, incapaz incluso de levantar un simple plato. Aunque me sentía relativamente bien desde nuestro regreso a casa, mi esposo se volcó completamente en mi cuidado. Tomó las riendas de mi alimentación, aprendiendo a cocinar a través de un curso en línea, una habilidad que antes no poseía. Además, siguiendo las indicaciones de la nutricionista, me sometí a una dieta rigurosa que exigía pesar meticulosamente las porciones y excluía casi todos mis alimentos habituales. La dieta requería que complementara mis comidas con suplementos nutricionales. Debía alimentarme cinco o seis veces al día, siguiendo un horario estricto. Adaptarme a este nuevo régimen alimenticio fue un desafío, especialmente renunciar al café, una ausencia que resultó ser atroz, aunque temporal. También tuve que acostumbrarme a frutas que antes despreciaba por su olor, como la papaya y la guayaba; probar papaya por primera vez fue una experiencia particularmente desagradable, en la actualidad forma parte de mi dieta diaria. Perdí 11 kilogramos, llegando a pesar tan solo 45 kilogramos, una reducción de peso común tras este tipo de intervenciones quirúrgicas.

Mientras tanto, mantuve mis prácticas de meditación diaria. Dada mi positiva recuperación, las circunstancias del país y las restricciones de movilidad en la ciudad, el médico optó por aplazar mi primera revisión postoperatoria, lo que fue un buen presagio de mi evolución.

A los 15 días de la operación, mis heridas casi habían cicatrizado. Me ocupé personalmente de las curas diarias de la incisión en mi abdomen. Finalmente, llegó el día de la revisión postoperatoria; nos dirigimos al consultorio con una movilidad reducida pero firme. El doctor había solicitado análisis de sangre previos, cuyos resultados fueron satisfactorios, aunque revelaron una leve anemia. Las indicaciones médicas fueron claras: reposo absoluto durante seis semanas, sin ejercicios ni actividades que pudieran afectar mi abdomen, y continuar con el reposo hasta el siguiente control.

Tras regresar a casa, alternaba días de debilidad con otros de mayor fortaleza. Cada comida era un reto, dada la simplicidad de los platos, carentes de sal y condimentos, lo que me llevaba a consumir porciones menores de las necesarias. Esto contribuyó a una rápida y notable pérdida de peso y masa muscular. La toma de medicamentos también era complicada en aquellos momentos. Mi esposo se mostraba profundamente preocupado por mi escaso apetito. Mi dieta se fundamentaba principalmente en suplementos nutricionales.

Empecé a caminar dentro de la casa, y a integrarme en las tareas del hogar y, a pesar de las circunstancias, no me rendí por completo. Aún tenía la energía para doblar la ropa limpia y separar la sucia en la cesta. Mi esposo se encargaba de la cocina y, antes de irse a trabajar cuando las circunstancias del entorno del país lo permitían, regresaba al mediodía para servirme la comida. Fueron tiempos complicados, pero logramos superar cada obstáculo con determinación. En cada consulta, el médico me aseguraba que mi recuperación era evidente. Incluso en los traslados de la cama al sofá, me esforzaba por realizar ejercicios de respiración y estiramientos de extremidades con sumo cuidado, evitando cualquier daño abdominal. Con revisiones de los exámenes de sangre semanales, el médico me instaba a aumentar de peso, ya que mi masa corporal estaba por debajo de lo normal. Junto con la nutricionista, adoptamos dietas rigurosas y suplementos nutricionales dos o tres veces al día para ganar peso. La batalla contra la báscula comenzó; mi esposo se dedicó a proporcionarme todo lo necesario para lograrlo.

Celebramos el aumento de un kilogramo como un triunfo monumental. Durante cuatro meses, su presencia fue mi único consuelo. El país atravesaba una etapa difícil en 2017, marcada por protestas y violencia que impedían las visitas familiares. La ausencia de mis seres queridos me entristecía, pero mi voluntad de mejorar se fortalecía día a día. Cuatro meses transcurrieron sin poder ver y cuidar a mi padre. Tras ocho semanas de reposo absoluto, inicié una rutina de recuperación que incluía meditación, desayuno, aseo personal, ejercicios de fortalecimiento, lectura, comidas y meriendas regulares, y ejercicios en el sofá. Parte de mi cuidado personal era tratar la herida abdominal y aplicar gel de aloe vera al finalizar. A veces, al contemplar mi reflejo en el espejo y ver mi delgadez, con los glúteos disminuidos, mi ánimo decaía. Aunque mi autoestima no estaba completamente anulada, la ropa holgada y la pérdida de masa muscular eran evidentes. Sin embargo, el abdomen plano era un pequeño consuelo. Durante la ducha, incorporaba ejercicios para fortalecer talones y glúteos, incrementando gradualmente la intensidad.

Incorporé las caminatas a mi rutina diaria, comenzando en el sótano del edificio y progresando hacia la cominería de la urbanización, extendiendo gradualmente la distancia recorrida. Durante los dos primeros meses, conté con la compañía y supervisión de mi esposo, pero luego me aventuré a caminar sola. Integré ejercicios de piernas en los bancos de la cominería al final de cada caminata, incrementando su intensidad día a día. Tras la operación, toda mi ropa resultaba demasiado grande, y una sobrina me obsequió dos jeans talla 24, una talla que no había usado desde hacía un largo tiempo, cuando era talla 30. A mis 51 años, jamás pensé que volvería a esa talla, especialmente durante el cierre de tiendas por las revueltas en el pais, sin posibilidad de adquirir ropa nueva. Esos jeans se integraron a mi vestuario temporalmente y me brindaron satisfacción al ajustarse perfectamente a mi figura renovada. Realicé ajustes a varios pantalones y, a pesar de estar en plena recuperación, me sentía revitalizada y empecé a planificar mi futuro. Con el tiempo, mi bienestar y energía aumentaron. Cuatro meses después, pude disfrutar nuevamente de mi estimado café con leche, que me supo a victoria. Actualmente, no necesito el café matutino y los dolores de cabeza son cosa del pasado. Llegó el momento de salir y cuidar a mi padre, una experiencia conmovedora tras cuatro meses de distanciamiento. Ese encuentro marcó el inicio de una nueva etapa en mi vida. Recuerdo el día que salí sola por trabajo y conducir se convirtió en un placer sublime; disfruté cada instante de ese día con una alegría desbordante. Fue entonces cuando empecé a reintegrar actividades en mi vida, paso a paso. Siete meses después de la cirugía, me embarqué en un nuevo proyecto empresarial que había contemplado por largo tiempo, pero que no había tomado en serio hasta ese momento. Inicié una carrera en el sector inmobiliario y tomé un curso en la Cámara Inmobiliaria de Venezuela llamado FIPI (Formación Integral del Profesional Inmobiliario). Tras investigar, me uní como Asesor Asociado a una franquicia Internacional conocida en el ámbito Inmobiliario, abriendo un nuevo capítulo lleno de oportunidades y encuentros con personas maravillosas. Mientras tanto, mi peso se estabilizó en 46 kg, y me permití disfrutar de carbohidratos y dulces, incluyendo mis ansiados espaguetis a la boloñesa. No obstante, ignoraba las señales de mi cuerpo y, aunque los exámenes de glicemia previos indicaban valores normales, continúe consumiendo dulces sin el conocimiento de mi nutricionista, lo cual fue un desacierto de mi parte.

CAPÍTULO 7: Desafío de Salud - El Nuevo Diagnóstico

Tras la consulta con un nuevo especialista, el endocrinólogo, a quien no había acudido antes por limitaciones en la ciudad, se reanudó el ciclo de pruebas médicas. El 15 de diciembre de 2017, ocho meses después de mi intervención quirúrgica, recibí un diagnóstico que cambiaría mi vida: osteoporosis y diabetes mellitus secundaria tipo A1. Este hallazgo me situaba ante un nuevo desafío de salud, convirtiéndome en una paciente diabética e insulina-dependiente. Esta condición es reconocida como uno de los posibles efectos secundarios tras una cirugía de Whipple, la cual puede resultar en una función pancreática comprometida o prácticamente inexistente. A pesar de que mi hermana, quien se sometió a un procedimiento similar, no desarrolló diabetes, yo no estaba preparada para aceptar ni enfrentar mi realidad.

En diciembre de 2017, teníamos planes de pasar las Navidades en Punta Cana, República Dominicana, disfrutando de unas vacaciones bien merecidas tras el estrés de la cirugía y el proceso de recuperación. Anhelaba disfrutar y descansar, alejándome de clínicas, médicos y exámenes; deseaba sentirme libre, aunque fuera por unos días. Aceptar mi nueva condición fue complicado, pero era necesario hacerlo de manera consciente y responsable.

Dado que en Venezuela era imposible obtener la nueva medicación, la insulina, fue en Punta Cana donde inicié mi tratamiento y lo integré a mi rutina diaria, incluso durante las vacaciones y el descanso junto a mi esposo, hermana y sobrina, quien había viajado desde Dublín para las festividades. Las vacaciones fueron maravillosas, aunque con restricciones. No podía disfrutar de mis ansiados dulces, debía realizar controles de glucemia antes de cada comida e inyectarme insulina. Al principio, adaptarme a esta nueva rutina en mi vida, especialmente durante las vacaciones, fue incómodo y desafiante. No obstante, fue algo que podía manejar y superar.

Al concluir la temporada navideña, con un régimen de tratamiento establecido, debía administrarme insulina cinco veces al día: 16 unidades de acción prolongada y 14 unidades de acción rápida antes de cada comida, lo que sumaba un total de 30 unidades diarias. Con el tiempo, empecé a sufrir los efectos secundarios típicos de la diabetes, incluyendo episodios de hipoglucemia, cuyos síntomas estaban lejos de ser tolerables.

Recuerdo vívidamente la primera vez que experimenté un episodio de hipoglucemia. Comencé a sudar de una manera poco familiar; era un sudor diferente, intenso y abarcaba mi nuca, frente, cabeza y pecho. Me invadió una debilidad acompañada de una sensación peculiar, una mezcla de mareo y visión borrosa, algo que nunca había sentido. Alarmada, le dije a mi esposo: "Me siento extraña, mal". Al medir mi glicemia, el resultado fue alarmante: menos de 50 mg/dL. Cundió el pánico, pues no sabíamos cómo actuar. Intenté contactar a mi doctora cerca de las 10 p. m., pero no obtuve respuesta. Instintivamente, opté por comer chocolate, creyendo que el azúcar me estabilizaría, ya que tenía entendido que los dulces podían corregir una baja de glicemia. Sin embargo, mi esposo descubrió en Internet que el chocolate no es la mejor opción en estos casos; se recomendaba consumir frutas, tomar jugos o azúcar directamente. A pesar de ello, ya había disfrutado del chocolate. Después tomé jugo y comí algo de azúcar. Al día siguiente, conversé con la doctora, quien ajustó mi tratamiento de insulina de larga acción: redujo las inyecciones de cinco a cuatro veces al día y disminuyó las dosis. Ahora, me aplicaba la insulina de larga acción por la mañana y la de acción rápida antes de las comidas. La dosis nocturna fue eliminada. Los episodios de hipoglucemia solían presentarse en diversas circunstancias, como estando en la calle, en reuniones o haciendo ejercicio, siempre durante el día. En esas ocasiones, si estaba fuera, me permitía disfrutar de un dulce o una torta, lo cual era un placer inmenso. Con el tiempo, modifiqué mi rutina, añadiendo caminatas y más ejercicio, incluyendo yoga gradualmente, conforme me sentía más fuerte y asegurándome de que las actividades no afectaran mi estómago.

En una consulta, la endocrinóloga me pidió todos los análisis de sangre históricos, que había conservado meticulosamente, así como nuevos exámenes de PTH y perfil tiroideo. Al revisar los resultados anteriores, notó una anomalía en la relación entre los niveles de calcio y fósforo que se había mantenido durante los últimos cuatro años: calcio alto y fósforo bajo, con un reciente incremento en la PTH. Esto la llevó a ordenar estudios adicionales para evaluar el estado de mis paratiroides y me explicó que podría tener enferma alguna de las cuatro glándulas paratiroideas.

La endocrinóloga indicó que estaba padeciendo una afección conocida como MEN1, o Neoplasia Endocrina Múltiple tipo 1. Recordé que, en una consulta años atrás con una internista, se había detectado un exceso de calcio en mis análisis, y se me aconsejó reducir el consumo de quesos.

MEN 1 "NEOPLASIA ENDOCRINA MÚLTIPLE 1"

"**El síndrome de neoplasias endocrinas múltiples de tipo 1 (MEN1) se caracteriza por el desarrollo de tumores en las glándulas paratiroides, la hipófisis y el páncreas.**

Casi el 100 % de los pacientes con MEN1 presentarán tumores para tiroideos, el 30 % - 75 % tumores pancreáticos y entre el 10 % y 60 % un tumor hipofisario. El MEN1 se diagnostica cuando hay presentes dos de estos tres tumores.

El hiperparatiroidismo suele ser el primer signo de MEN1 y aparece típicamente entre los 20 y 25 años de edad. Casi el 100 % de las personas con MEN1 presentará hiperparatiroidismo a los 50 años. El hiperparatiroidismo causado por MEN1 se trata normalmente mediante extirpación quirúrgica de tres y media de las

cuatro glándulas paratiroides, aunque en ocasiones se extirpan las cuatro, con implantación en el antebrazo de una porción de ellas.

El MEN1 también causa tumores en las células de los islotes del páncreas y el revestimiento del duodeno (la primera porción del intestino delgado), que pueden secretar diversas hormonas implicadas en la función endocrina. Los tumores que aparecen en el páncreas pueden ser benignos (no cancerosos) o malignos (cancerosos). Sin embargo, una neoplasia maligna es infrecuente antes de los 30 años de edad".

MD ANDERSON CENTER

CAPÍTULO 8: Resurgiendo de la Adversidad: Un Nuevo Desafío Quirúrgico

"Cada cicatriz que tienes no es solo un recuerdo de que te hirieron, sino una prueba de que sobreviviste", palabras de Michelle Obama que resonaban en mi mente tras superar un capítulo desafiante de mi vida. Creía que los obstáculos habían quedado atrás, pero el endocrinólogo tenía otros planes: una serie de exámenes adicionales. Se ordenó un TAC de cráneo y cuello, un gammagrama paratiroideo y análisis de sangre y orina. Todos los estudios se realizaron, excepto el gammagrama, que en Caracas solo se ofrecía en una clínica debido a la escasez del reactivo necesario.

La espera por el reactivo se convirtió en una odisea de paciencia; me inscribí en una lista y aguardé tres ciclos para su llegada. En una ocasión, cuando finalmente me llamaron, no pude asistir al examen y tuve que esperar aún más. Persistente, continué buscando opciones hasta que, afortunadamente, pude realizar el gammagrama en la clínica donde mis doctores ejercían. El diagnóstico fue contundente: hiperparatiroidismo primario, con lesiones en la paratiroides inferior derecha y superior izquierda. La recomendación era clara: una nueva cirugía.

Sentimientos de aturdimiento y el miedo me invadía, y me preguntaba con desánimo: "¿Dios, de nuevo al quirófano? ¿Otra vez anestesia en mi cuerpo?". A pesar de mi resistencia, la cirugía era inevitable, en apenas año y medio de mi cuarta entrada. La sola idea de volver a pasar por ello me llenaba de tristeza y apatía; era demasiado en un lapso tan corto.

Para complicar las cosas, el cirujano de confianza que me había operado anteriormente no estaba en el país. Sin embargo, en la misma clínica me recomendaron a un especialista en cirugía de cuello. Durante la consulta, con todos los exámenes en mano, confirmó la necesidad de la intervención. Me explicó el procedimiento y me entregó las órdenes para los exámenes preoperatorios, algo habitual en la preparación quirúrgica. También solicitó el presupuesto correspondiente. Aunque se trataba de una operación de carácter ambulatorio y de corta duración, entre 30 minutos a 1 hora, optaron por hospitalizarme una noche, considerando mi diabetes y la previa operación de Whipple, como medida de precaución ante una posible hipocalcemia postoperatoria.

En esta ocasión, me encontraba sin posibilidad de acudir al seguro, ya que carecía de cobertura médica, lo que representaba un golpe financiero adicional. Indudablemente, en este país, para afrontar cualquier intervención médica es imprescindible estar preparado. Durante el año 2018, la situación nacional estaba tan compleja y adversa, o peor que los años anteriores, especialmente por la incomprensión de lo que acontecía con la moneda. La ausencia de dólares te colocaba en una clara desventaja, enfrentándose a una hiperinflación incomprensible. Se me notificó acerca de los honorarios del médico, los cuales requerían ser cancelados en dólares, dado que rechazaba el pago en bolívares, mientras que los costos de la clínica podían ser cubiertos con la moneda local. Me vi obligada a romper la alcancía una vez más para poder acceder al quirófano. Resuelta la cuestión financiera, se procedió a planificar la cirugía. Dado que el médico tenía un viaje programado, se fijó la fecha de la operación para después de su retorno, el 31 de octubre de 2018.

Como era habitual, había incorporado nuevas rutinas a mi cotidianidad. Aún no me encontraba completamente recuperada de la cirugía de Whipple, seguía bajo cuidados y tratamiento médico, esforzándome por ganar peso y adaptándome a un nuevo régimen para la diabetes y a una dieta que apenas empezaba a entender. El 20 de octubre de 2018, mi padre falleció de un infarto, un suceso que nos sumió en profundo dolor y consternación. La pérdida de mi padre fue un duro revés, más aún cuando ambos progenitores ya habían fallecido. Lo reconfortante es que él no padeció de ninguna dolencia que lo mantuviera postrado. A sus 90 años, y tras haber superado varios episodios de ACV, aunque sufría de diversas patologías, todas estaban controladas gracias a sus tratamientos. Nos dejó cuando faltaba poco más de un mes para su 91º cumpleaños, gozando de buena salud y rodeado del amor de sus hijos.

Once días después del deceso de mi padre, me enfrenté nuevamente al quirófano. En esta oportunidad, el temor y la ansiedad habían cedido su lugar a la rutina. A pesar de que la operación se presentó en un momento cercano a la muerte de mi padre, y con el dolor aún presente, opté por no posponerla. Después de todo, él ya había partido y retrasar mi cirugía no lo traería de vuelta. Considero que la muerte es una transición natural de la vida y aquellos que nos dejan simplemente pasan a otra existencia, mientras que nosotros debemos seguir adelante. Ya me había preparado mentalmente para reingresar al quirófano; si había superado una intervención tan compleja como la del páncreas (Whipple), esta debería ser más simple. A pesar de ello, me repetía a mí misma que no deseaba enfrentarme a más operaciones ni exámenes médicos.

Mi estilo de vida había experimentado un cambio significativo; ya había integrado más sesiones de meditación en mi rutina y mantenía mi práctica de yoga entre dos y tres veces a la semana. Me sentía en óptimas condiciones para enfrentar una nueva intervención quirúrgica. El día de la cirugía llegó sin sobresaltos. Seguí mi preparación habitual: arribamos temprano a la clínica, completaron mi admisión y me alistaron para el procedimiento. Compartí con el médico que me sentía tranquila, como si todo esto fuera parte de mi rutina cotidiana. La anestesia surtió efecto tras un breve conteo regresivo: tres, dos, uno, y quedé sumida en el sueño. Al despertar en la sala de recuperación, me sentía en perfecto estado. El médico se acercó para evaluar mi condición y, poco después, me trasladaron a mi habitación, donde me esperaban mi esposo y mi hermana, fieles acompañantes en estos procesos. La noche transcurrió con mínimas molestias en la garganta. Al día siguiente, el médico me actualizó sobre los detalles de la operación: casi todas mis paratiroides estaban afectadas, por lo que se vieron obligados a extirpar tres y media de las cuatro que poseemos, además de remover el timo. Con la media paratiroides restante, me aseguró que podría llevar una vida normal. Aunque inicialmente sentí temor, sus explicaciones me apaciguaron. Me encontraba en buen estado y los niveles de calcio eran normales. Me recetó un tratamiento con la dosis adecuada de calcio y me dieron el alta. Sin embargo, a las 48 horas de haber salido de la clínica, enfrenté uno de los episodios más desafiantes para mi salud. Dos días después de la cirugía, empecé a experimentar una sensación anormal en todo el cuerpo: mis ojos se movían involuntariamente y sentía un hormigueo que iba desde la cabeza hasta los pies, siendo particularmente intenso en manos y pies, como si agujas me perforaran la piel, una experiencia atroz que no le desearía a nadie. Contacté al doctor, quien sugirió que podría tratarse de una caída en los niveles de calcio y me recomendó incrementar la dosis prescrita. Pero la sensación era incontrolable y persistió durante todo un día; llegué a pensar que mi vida estaba en peligro. A la mañana siguiente, le pedí a mi esposo que llamara al médico de inmediato y le informará que nos dirigimos a la clínica para una atención de emergencia, pues era insoportable lo que estaba padeciendo. Si se trataba de una deficiencia de calcio, quería estar en la clínica para recibir el tratamiento necesario.

Nos dirigimos a la clínica y entramos por la unidad de emergencias. Fui atendida de inmediato: los médicos observaron que mis ojos no dejaban de moverse involuntariamente y procedieron a realizar análisis de sangre. Los resultados confirmaron que tenía una significativa deficiencia de calcio. El médico me evaluó sin demora y me suministraron calcio por vía intravenosa. La sensación fue reconfortante, similar a la adaptación del cuerpo a la temperatura tibia del mar o al alivio que se siente al orinar después de haberlo retenido por mucho tiempo; era como si mi cuerpo se reconstituyera gradualmente. Pasé de un estado incómodo y ansioso a uno de calma y serenidad. Este episodio, tan aterrador como fue, quedó grabado en mi memoria por el contraste entre el antes y el después, y más aún porque nunca había sentido tanto miedo, ni siquiera cuando me operaron del páncreas.

Permanecí un día en la sala de emergencias y, al atardecer, me dieron de alta con instrucciones detalladas para seguir el tratamiento de calcio en casa. Además, se realizó el pago por los servicios recibidos. En los días subsiguientes, tuve la consulta postoperatoria; el médico me encontró en buen estado general, aunque con dolores musculares. La precisión del corte en mi garganta me impresionó; el médico había sido tan meticuloso que la cicatriz en mi cuello era casi invisible. No obstante, sufrí de intensos dolores musculares que me mantenían postrada en cama. Por las mañanas, me costaba enderezar la espalda y caminaba encorvada hasta que poco a poco, con ejercicios graduales, lograba movilizarme. A pesar de que se atribuían a la deficiencia de calcio, la endocrinóloga no estaba convencida de que hubiera una relación directa, dado que los dolores, especialmente en la pierna izquierda, y la espalda baja, eran anormales y extremadamente intensos, me remitieron a un traumatólogo, decidí no ir. A veces, el dolor en la pierna era tan fuerte que me impedía caminar, Recuerdo que en una ocasión, pasé cerca de una semana alternando entre el sofá y la cama debido al dolor.

Hubo una mañana en la que abrí los ojos y me prometí que no permitiría que el dolor me mantuviera inmovilizada, confinada en mi hogar. Empecé a planificar visitas para mostrar propiedades, organizando mi agenda laboral a pesar de la persistencia del dolor. Me hice el firme propósito de no dejarme derrotar por él. Con cada día que pasaba, comencé mi propia terapia de frío (colocación de compresas de hielo) y calor (fomentera eléctrica) e incorporar ejercicios de manera progresiva y estiramientos en la zona lumbar y en la pierna, aún en medio del malestar. No estaba segura de si mis músculos se habían debilitado; sinceramente, no podía afirmarlo, o si era el reacondicionamiento del cuerpo con el calcio, magnesio, etc., debido a la operación que me habían sustraído 3 ½ paratiroides. Sin embargo, a medida que fui integrando más actividad física, y mis terapias de frío y calor, noté cómo el dolor empezaba a ceder, hasta que finalmente llegó el día en que el dolor desapareció y me sentí cada vez más fortalecida. A estas prácticas de ejercicio, añadí también sesiones de meditaciones más prolongadas.

CAPÍTULO 9: Equilibrio y Renacimiento

Con el transcurso del tiempo, experimenté una profunda revitalización. Retomé mi querido grupo de yoga, asistiendo con dedicación dos veces por semana. No obstante, esta vez decidí enriquecer mi rutina: mantuve mi compromiso con el grupo de yoga y añadí dos días adicionales de práctica personal en casa. Mi cuerpo respondía cada vez mejor, aunque persistía el reto de mantener mi peso. Mental y físicamente, había aceptado la nueva realidad de mi vida con diabetes. Aceptar esta condición fue un proceso arduo, pero finalmente lo integré como una parte normal de mi existencia. Me adapté a convivir con la diabetes y a las inyecciones diarias que se volvieron indispensables. En cada consulta médica, se enfatizaba la necesidad de aumentar de peso, especialmente porque me había estabilizado en 47 kg. Con el tiempo, comencé a ganar peso, un fenómeno que al principio no comprendía del todo.

El ajuste que implementé implicaba extender las sesiones de yoga y meditación a lo largo de la semana, incrementando la frecuencia de dos a aproximadamente cinco o seis días, incluyendo la práctica en casa. Los días de grupo, los momentos de relajación se extendían hasta unos veinte minutos, sumados a las rutinas diarias de meditación. Luego, con la llegada de la pandemia y el confinamiento en casa, busqué formas de ocupar mi tiempo que incluían participar en foros por Zoom y reuniones de trabajo. Mis rutinas de ejercicio, yoga y meditación se intensificaron.

Durante ese período, descubrí los videos del Dr. Joe Dispenza, un experto dedicado al estudio de la neurociencia, la epigenética y la física cuántica. Sus videos de las conferencias, que explican la interacción entre mente y cuerpo, me ayudaron a comprender que mis rutinas diarias estaban transformando mi cuerpo positivamente. Aprendí que tenemos la capacidad de influir en nuestro cuerpo y mente, y que estaba brindando a mi organismo la disciplina necesaria a través de mi nueva rutina, dedicando entre un 50 % y un 60 % de mi tiempo a la salud.

Una vez satisfechas mis necesidades de alimentación, meditación y yoga, que se convirtieron en mi prioridad matutina, organizaba el resto de mis actividades diarias, como el trabajo y las labores domésticas. Reflexioné sobre cómo, durante años, había descuidado mi bienestar, anteponiendo el trabajo a mi propia salud, una práctica que he transformado. Ahora, priorizo mis necesidades de salud, bienestar y alimentación.

Durante la pandemia, además de ganar algo de peso, cuidarme al máximo, por la diabetes, logré establecer nuevas rutinas diarias, entre ellas, caminar de dos a cuatro kilómetros diarios. Esta actividad tuvo un efecto notable en mi salud: empecé a experimentar episodios frecuentes de hipoglucemia, especialmente durante la noche, entre las 12:00 a. m. y las 3:00 a. m. Me despertaba con una sudoración atípica, distinta a la asociada con la menopausia, acompañada de escalofríos y una sensación de calor que se extendía desde la espalda hasta la nuca y el pecho, provocándome mareos mientras estaba acostada.

Ante estos episodios, mi reacción era inmediata: me levantaba, medía mi glucemia y consumía algo de comida, como cereales con frutos secos y leche, yogur o frutas, lo que encontrara disponible. Mis niveles de glucosa solían estar por debajo de 55 mg/dl; en una ocasión, incluso descendieron a 36 mg/dl, lo que me alarmó y me llevó a solicitar una consulta urgente con la endocrinóloga.

Las caminatas diarias estaban fortaleciendo los músculos, que juegan un papel crucial en el metabolismo de la glucosa bajo la influencia de la insulina y son fundamentales tanto en el desarrollo de la resistencia a la insulina como en el tratamiento de la diabetes. A raíz de la actividad física, tuve que ajustar las dosis de insulina que me administraba, reduciendo progresivamente de 10 a 6 unidades de insulina de acción prolongada al día, gracias a las rutinas que había incorporado. Este ajuste en la medicación fue un motivo de gran satisfacción personal y un logro significativo.

La endocrinóloga evaluó la posibilidad de que mi cuerpo pudiera prescindir de las inyecciones de insulina, pero debido al daño previo en mi páncreas y su mínima producción de insulina, esto no fue posible. Durante la pandemia, cuide al máximo mi salud, por lo que ni siquiera tuve un resfriado. Después de la pandemia, he mantenido las rutinas, aunque con menor duración. Sigo practicando yoga, pilates, caminatas. Sin embargo, al reducir la intensidad de estas actividades, tuve que aumentar nuevamente la dosis de insulina a 10 unidades.

Estoy comprometida en trabajar para ver si es posible reducir nuevamente la dosis. Lo que he comprendido es que mi cuerpo responde óptimamente al movimiento y a una alimentación saludable. Mis niveles de glucosa postprandial se mantienen entre 125 y 150 mg/dl, pero sin ejercicio, superan los 180 mg/dl, lo cual es inadecuado. Cada día estoy más convencida de que el bienestar se logra a través del autocuidado, el ejercicio y una dieta equilibrada.

CAPÍTULO 10: Resiliencia Transatlántica: Esperanza entre Sombras

En noviembre de 2019, nuestra familia enfrentó un nuevo desafío: mi hermana, quien había partido hacia Dublín en julio de ese mismo año, comenzó a experimentar molestias estomacales, justo cuando estaba previsto su retorno a Venezuela. Un ingreso de urgencia al hospital en Dublín reveló la presencia de múltiples linfomas en su estómago, esófago y proximidades del recto. Esta devastadora noticia nos impactó profundamente, en especial a mí, dada la estrecha relación que nos une.

En aquel entonces, yo me encontraba en proceso de recuperación tras mi última cirugía y lidiando con mis propias dolencias. Sin embargo, la situación de mi hermana se convirtió en una fuente de preocupación adicional. A pesar de las circunstancias, agradecemos que ella estuviera en Europa, donde su enfermedad fue detectada a tiempo.

El 24 de diciembre de 2019, mi hermana recibió su primera sesión de quimioterapia, marcando una Navidad teñida de melancolía por mi imposibilidad de estar a su lado. Los obstáculos para viajar a Irlanda eran significativos; la obtención de una visa requería aproximadamente tres meses, complicado aún más por la ausencia de un consulado irlandés en Venezuela y la necesidad de gestionar el trámite a través del consulado más cercano, ubicado en México.

Después de su primera sesión de quimioterapia, los linfomas mostraron una mutación en su estructura, lo que representó un duro golpe para nosotros. Esto obligó a una reevaluación del tratamiento, intensificando la frecuencia de las sesiones a hospitalizaciones de cinco días con tratamientos de quimioterapias continuos.

La desesperación se apoderó de mí mientras intentábamos gestionar la visa para poder acompañarla. Sin embargo, la pandemia de COVID-19 irrumpió, y con la declaración de emergencia sanitaria en Venezuela el 15 de marzo de 2020, los aeropuertos cerraron. Mi pasaporte, que había enviado a México en febrero para la solicitud de la visa, quedó retenido y no fue devuelto hasta seis meses después, impidiendo cualquier posibilidad de viaje.

La distancia y la situación global nos obligaron a vivir la experiencia a través de la conexión digital. Mi hermana tuvo que enfrentar su tratamiento en soledad, sin el apoyo presencial de su familia, en un país extranjero, un idioma diferente y en medio de una pandemia.

A pesar de las adversidades, mi hermana superó cada sesión de quimioterapia, avanzando con fortaleza y manteniendo una actitud positiva. Después de seis meses de culminar el tratamiento, recibimos la noticia de que estaba libre de cáncer, un momento de inmensa alegría y alivio que nos unió en celebración, a pesar de la distancia física.

Durante el proceso de tratamiento contra el cáncer, mi hermana recibió un diagnóstico idéntico al mío: MEN 1. Al año de ser declarada libre de cáncer, se sometió a una cirugía de las paratiroides, en la cual le fueron extirpadas tres de las cuatro. Tanto ella como yo hemos enfrentado las mismas afecciones quirúrgicas y ambas hemos sido diagnosticadas con MEN1, condición hereditaria. Actualmente, armados con este conocimiento, mi sobrina se ha sometido a chequeos regulares en Dublin y, afortunadamente, su sistema endocrino está en perfecto estado. Atribuyó este resultado positivo a su proactiva actitud hacia la vida y a su temprana adopción de hábitos saludables. En una conversación reciente, ella reflexionó sobre cómo, a pesar de las enfermedades que su madre y yo hemos padecido, y del fallecimiento de su abuela materna por cáncer de estómago, la predisposición genética también puede ser influenciada por su propia actitud y enfoque en la vida, lo cual le permite transformar este patrón familiar. Esta perspectiva resuena con las enseñanzas del Dr. Joe Dispenza sobre el poder de la mente.

En 2023, mi hermana y yo tuvimos el placer de reunirnos nuevamente y decidimos celebrar la vida a lo grande. Después de superar numerosos desafíos, en septiembre de ese año, mi esposo y yo obtuvimos la visa para Irlanda y planeamos una visita de dos meses y medio a mi hermana y sobrina. Aprovechamos la oportunidad para viajar por Europa, disfrutando de unas vacaciones repletas de reencuentros familiares, sorpresas, largas charlas y experiencias maravillosas. Este viaje nos permitió apreciar las diferencias culturales, comprender idiosincrasias, estilos de vida y adaptarnos al clima, lo cual fue una novedad comparado con nuestra visita a Dublín, en el año 2013 que fue en verano.

La salud es el pilar más importante de nuestras vidas; sin ella, no somos nada. Ignorar su cuidado y no otorgarle la debida importancia puede tener consecuencias graves. No me refiero al costo monetario. Cuando sufrimos de alguna dolencia, nos vemos privados de la energía para realizar actividades tan simples como bañarse, cepillarse los dientes o caminar; esto puede ser devastador. La debilidad nos impide trabajar y afecta nuestro bienestar general. Por ello, es crucial escuchar a nuestro cuerpo y atenderlo sin demora, dándole la prioridad que merece, desde un simple resfriado hasta condiciones más serias. El descanso es esencial cuando el cuerpo lo demanda, el dormir las 7 u 8 horas es imprescindible. ¿De qué sirve poseer todas las riquezas si la más valiosa, nuestra salud, se encuentra comprometida? Ante cualquier enfermedad, lo primordial es comprenderla, aceptarla, educarse al respecto y cuidarse adecuadamente.

CAPÍTULO 11: El Precio de la Perseverancia. Primera entrada al quirófano

El año 2004 marcó un punto de inflexión en mi vida, sumida en un torbellino de exigencias laborales. Las jornadas se extendían entre 15 y 16 horas diarias, y durante los períodos de cierre, llegaban en oportunidades a prolongarse hasta 36 horas continuas. Desempeñaba el rol de Gerente en una corporación multinacional, donde mis responsabilidades trascendían con creces las expectativas del cargo. En aquel entonces, no tomaba plena conciencia del grado de explotación al que estaba sometida.

Para aquellos familiarizados con este ritmo de vida, tal dedicación puede parecer normal en los años más productivos. Aún recuerdo con claridad varias ocasiones en que almorcé dos días consecutivos en el mismo restaurante, sin haber tenido oportunidad de cambiar mi atuendo. Aunque hoy pueda mirar atrás y sonreír, en aquel momento, la imposibilidad de volver a casa para descansar, asearme, compartir con mi esposo y disfrutar de los placeres simples de la vida, resultaba abrumadora.

Si mis jornadas se extendían de 15 a 16 horas, al llegar a casa apenas me permitía una ducha antes de intentar conciliar el sueño, lo cual se convertía en un desafío. Al acostarme, un dolor intenso y difuso comenzaba a irradiarse por mi pierna izquierda. Variaba desde una sensación de ardor hasta punzadas o un agudo malestar, tan indescriptible que los analgésicos resultaban inútiles. Noche tras noche, iniciaba un peregrinaje por mi hogar en busca de alivio: reposaba en el sofá con las piernas elevadas, caminaba, probaba distintas posturas, pero el dolor persistía. Las horas se esfumaban y, con el sonido del despertador, reunía fuerzas para enfrentar un nuevo día.

Mi trabajo se había convertido en mi prioridad, relegando incluso mi bienestar. Me convencía de que, siendo joven y aparentemente saludable, un dolor de pierna no sería un obstáculo. "El cuerpo te pasa factura" era una frase que escuchaba con frecuencia, pero cuyo significado profundo me era ajeno. Ignoraba las señales de alerta que mi cuerpo emitía, subestimando las consecuencias de mis acciones. Así transcurrieron casi tres años, en los que, sin darme cuenta, adopté una actitud masoquista hacia mi propia salud. El caos reinaba tanto en mi mente como en mi cuerpo, reflejado en una alimentación caótica y desordenada sin disfrutar la comida. Comía a deshoras, a menudo omitiendo comidas importantes como el almuerzo, y padecía de estreñimiento, malos hábitos como fumar e incontables tazas de café, comida chatarra, etc.

Durante las extenuantes jornadas laborales, era habitual que me encontrara hasta 12 horas consecutivas frente al ordenador, levantándome solo para atender necesidades básicas como ir al baño o comer algo apresuradamente. A menudo, mi atención hacia mi bienestar físico era mínima, solo acudiendo a ella cuando se hacía evidente o durante mis viajes mensuales, en los que podía atravesar hasta tres estados en un solo día. Estas maratónicas jornadas comenzaban a las 4:00 a. m. y se extendían hasta la medianoche, sin oportunidad para alimentarme adecuadamente en medio del caos y el estrés. Esta dinámica me llevó a descuidar a mi familia: mis padres, hermanos y sobrinos dejaron de verme durante meses, ya que mi compromiso laboral no cesaba ni los fines de semana. Mi dedicación al trabajo era tal que incluso olvidé mi propio cumpleaños.

En una ocasión, mi familia, siempre comprensiva y afectuosa, organizó una fiesta sorpresa para celebrarlo. Escogieron un viernes, pensando que podría aprovechar el fin de semana para la celebración. Desconocían que esa fecha coincidía con el cierre de mes en la empresa, una época en la que mi carga de trabajo se intensificaba. Mi esposo, cómplice de la sorpresa, me aguardaba en casa para luego dirigirnos a la de mis padres, donde todos esperaban para festejar. Sin embargo, debido a mis responsabilidades, no llegué hasta medianoche, encontrándome con la decepción reflejada en su rostro. Mi familia había procedido a la fiesta en mi ausencia, disfrutando del pastel y de la compañía mutua. A pesar de sentir remordimiento por no haber estado presente, no pude evitar cuestionarme: "¿quién planea una fiesta sorpresa sin confirmar?". Conocían mi apretada agenda, especialmente mi esposo, quien era bien consciente de las demandas del cierre de mes.

Mi enfoque estaba fijado en el trabajo, en los informes pendientes y en las cuentas que debía revisar. No reflexionaba sobre el impacto negativo que mi actitud tenía en mí y en mi entorno. Aquellos fueron tiempos de tensión y alejamiento de mi familia, en los que mi involucramiento laboral me distanció tanto de mi realidad que puse en peligro años de matrimonio sin siquiera percatarme. Absorta en mis obligaciones, apenas veía a mi esposo y desconocía sus actividades, preocupaciones o compañías. A veces, pasaba la noche en la oficina y nos encontrábamos brevemente en el ascensor al día siguiente: él saliendo y yo entrando. Eran encuentros agridulces que no me llevaban a reflexionar sobre la importancia de dedicar más tiempo a nuestra relación. En aquel entonces, mi único pensamiento era descansar para poder retomar el trabajo con energías renovadas.

Mi dedicación a la empresa era tan intensa que frecuentemente olvidaba concertar una cita médica para atender el persistente dolor de pierna que sufría. Albergaba el temor de que buscar atención médica me hiciera parecer vulnerable en el ámbito laboral. En mi mente, reconocer la necesidad de cuidados médicos equivalía a exponerme a posibles represalias; me atormentaba la idea de ser sustituida y relegada a un papel secundario. La verdad es que todo era una construcción de mi imaginación; me preocupaba por posibles escenarios en la empresa y el éxito de los proyectos que lideraba, sin detenerme a considerar mi bienestar personal y mis verdaderas emociones. El ambiente de trabajo era tenso, tóxico y competitivo, donde no se toleraban las debilidades físicas.

Reflexionando sobre ello, me doy cuenta de lo deshumanizados que estábamos, incapaces de comprender que la vida incluye problemas de salud, los cuales considerábamos signos de debilidad, obstáculos para el progreso y el crecimiento personal. Me hacían sentir insustituible, pero en realidad, me habían convertido en un mero productor, casi un autómata. La organización no estaba preparada para que trabajáramos las 8 horas estándar; posiblemente debido a la falta de personal y una mala organización, pero nadie lo reconocía, ya que había quienes estaban dispuestos a trabajar hasta 12 horas al día, persiguiendo la perfección sin importar las consecuencias.

En aquel entonces, mi vida giraba en torno al trabajo; no trabajaba para vivir, sino que vivía para trabajar. Ese era el coste de estar en multinacionales desorganizadas y aceptar ser llamados "trabajadores de confianza", una etiqueta que nos hacía sentir parte de la élite, cuando en realidad éramos sus esclavos más eficientes.

Finalmente, agobiada por el dolor, busqué atención médica con un traumatólogo. Tras una serie de pruebas, incluyendo radiografías y resonancias magnéticas, los diagnósticos fueron: 1. Hernia discal extruida en L5-S1. 2. Síndrome de receso lateral en L4-L5 y L5-S1 izquierdos, lesiones atribuibles a la falta de movimiento y a una postura inadecuada por largas horas de trabajo sentada. El médico descartó la cirugía y optó por un tratamiento de rehabilitación y medicamentos antiinflamatorios y analgésicos. Tras 30 sesiones de rehabilitación, mi condición mejoró, pero mantuve el mismo ritmo de vida, descuidando mi salud. A pesar de la recomendación de continuar con 20 sesiones adicionales de rehabilitación, rechacé la idea; deseaba una solución definitiva al dolor. Incapaz de modificar mi trabajo o estilo de vida, decidí buscar una segunda opinión médica, convencida de que era la decisión correcta.

El nuevo especialista realizó de nuevo una serie de exámenes exhaustivos y confirmó el diagnóstico previo: una hernia discal localizada entre las vértebras L4-L5-S1. Ante esta confirmación y con una actitud que reflejaba confianza, un leve asomo de arrogancia y una evidente desesperación, solicité al médico que procediera con la intervención quirúrgica. Expresé mi deseo de ser llevada al quirófano lo antes posible, dada mi fatiga por las continuas sesiones de rehabilitación y la dependencia de analgésicos para gestionar el dolor. El especialista, en respuesta, me recomendó consultar a un neurocirujano con experiencia en procedimientos laparoscópicos. Este neurocirujano, con formación especializada en Brasil, era conocido por ser uno de los pioneros en la realización de este tipo de cirugías en Venezuela.

Al conocer al neurocirujano en su consultorio, experimenté una oleada de temor, motivada por la juventud del médico y la responsabilidad de confiarle mi cuidado. Le miré directamente a los ojos y le pregunté, con una mezcla de escepticismo y ansiedad: "¿Usted será quien realice mi operación?". La incertidumbre y el miedo se intensificaron al recordar la urgencia con la que había solicitado la cirugía. Ante la necesidad de disipar mis dudas sobre su experiencia, le interrogué acerca del número de procedimientos similares que había llevado a cabo, tanto en Venezuela como en Brasil, las edades de sus pacientes y si había enfrentado casos de mortalidad.

El neurocirujano mantuvo una compostura profesional ante mis preguntas, permitiendo incluso una sonrisa comprensiva. Con serenidad, procedió a explicarme el procedimiento quirúrgico a través de un video educativo y me presentó un registro detallado de las cirugías que había realizado en el país. Mencionó el fallecimiento de un paciente, lo cual me causó una momentánea conmoción; sin embargo, aclaró con rapidez y un tono de seriedad que el deceso había ocurrido por causas ajenas a la cirugía y mucho tiempo después de la misma.

El médico logró ganarse mi confianza, y su competencia profesional. Con la urgencia de aliviar mi dolor, procedimos a planificar lo que sería mi primera intervención quirúrgica bajo anestesia general.

CAPÍTULO 12: En la Encrucijada del Valor

La coordinación de la fecha y hora para la intervención quirúrgica requería una planificación meticulosa, teniendo en cuenta que la cirugía debía encajar dentro de los márgenes de mi apretada agenda laboral. Era imperativo evitar conflictos con días críticos de cierre, reportes a la casa matriz y otros compromisos ineludibles. Mis prioridades, aunque erróneamente, colocaban al trabajo por encima de mi bienestar personal. La técnica laparoscópica, por su naturaleza mínimamente invasiva, auguraba una recuperación acelerada; se preveía una hospitalización de un solo día seguida por una semana de reposo domiciliario. Sin embargo, movida por la confianza y gracias a la amistad forjada con el cirujano, logré negociar dos semanas de descanso.

En los días previos a la operación, mi psique se convirtió en mi peor enemiga, tejiendo un tapiz de escenarios catastróficos. La posibilidad de un desenlace fatal, de una parálisis o de un coma, se instaló en mi mente, generando un torbellino de ansiedad que me consumía en silencio. Estos temores los guardaba exclusivamente para mí, sin revelarlos a mi familia, a mi esposo y, por supuesto, manteniéndolos alejados del ámbito profesional; era un combate íntimo y solitario.

El día anterior a la cirugía, mi deber era dejar cada asunto laboral atado y bien atado; no podía permitirme el lujo de dejar cabos sueltos. Entre la inquietud por el procedimiento inminente y la presión de asegurar que todo en la oficina quedará resuelto, no logré conciliar el sueño. Al amanecer del día señalado, me invadió un impulso irracional de evasión, de ocultarme del destino que me aguardaba. A pesar del miedo que me dominaba, me negaba a exhibir debilidad. Me armé de convicción, asegurándome de que todo iría bien, y con esa firmeza me presenté serena y confiada ante mi esposo y mi familia.

Partimos de casa con la aurora y, una vez en la clínica, los eventos se sucedieron con una celeridad vertiginosa: el registro, la entrega del atuendo quirúrgico y los preparativos preoperatorios. Me encontré en la antesala del quirófano, un limbo temporal que se dilató en mi percepción, aguardando mi turno. Cuando este llegó, crucé el umbral con resolución. Poco después de ingresar, la anestesia general me sumió en la inconsciencia. Me posicionaron boca abajo en la mesa, con el torso elevado y las piernas colgando. Agradezco la gracia de la inconsciencia, que me ahorró ser testigo de mi propia vulnerabilidad expuesta ante la mirada clínica del traumatólogo, el neurocirujano, el anestesiólogo, las enfermeras y el resto del equipo médico. Me pregunto qué diálogos cruzarían esos profesionales mientras me encontraba en sus manos, pero, afortunadamente, esos pensamientos quedaron en el reino de lo desconocido.

El procedimiento quirúrgico se llevó a cabo de la siguiente manera:

1. Se realizó una Laminectomía y Discectomía Endoscópica utilizando el sistema METRx en la región L5-S1.

2. Se efectuaron Foraminotomías Endoscópicas, también con el sistema METRx, en los niveles L4-L5 y L5-S1 del lado izquierdo.

Tras la intervención, al recobrar la conciencia en la sala de recuperación, mi primera interacción fue con el cirujano. Le pregunté ansiosamente si sería capaz de caminar. Su respuesta, acompañada de una risa, fue afirmativa, mientras comprobaba la movilidad y sensibilidad de mis piernas. Posteriormente, fui trasladada a mi habitación, donde me esperaban mi esposo y mi hermana, visiblemente contentos, ya que el cirujano les había informado del éxito de la operación.

Durante la tarde, recibí la grata visita de mis colegas, quienes me obsequiaron dulces y presentes, recordando lo afortunada que era de contar con tan buenos compañeros de trabajo. Esa noche, mi hermana permaneció a mi lado. La ausencia de dolor era tan notable que me arrepentí de no haberme sometido a la cirugía antes.

Una vez en casa, guardé reposo absoluto durante la primera semana y, en la siguiente, me dediqué a tareas ligeras y a la lectura, una actividad que había descuidado por falta de tiempo. Con el retorno al trabajo en el horizonte, decidí hacer un alto y reflexionar sobre mi vida. Siguiendo la recomendación médica, empecé a considerar la natación o el yoga como prácticas beneficiosas para mi bienestar.

Finalmente, opté por la natación. Organizando mi horario para incorporar esta nueva actividad, descubrí que nadar me proporcionaba una sensación de ligereza y bienestar. Incluso después de la ducha, podía sentir el efecto relajante del agua en mi cuerpo. Esta nueva rutina me dotó de más energía y placer al llegar a la oficina, haciendo que las largas jornadas laborales fueran más llevaderas y mejorando mi estado de ánimo y relaciones interpersonales. Me volví más proactiva y amable, lo cual repercutió positivamente en mi entorno laboral.

Meses después de la intervención quirúrgica, y encontrándome en un estado de salud y ánimo óptimos, mi esposo y yo acordamos que era el momento propicio para iniciar la planificación familiar. A pesar de nuestros esfuerzos sostenidos durante varios años, la concepción no se produjo, lo que nos llevó a solicitar asesoramiento médico y a considerar las posibles alternativas de tratamiento. Tras múltiples consultas y la obtención de diversas opiniones y presupuestos médicos, optamos por iniciar un tratamiento de fertilización in vitro. Contrario a la alegría anticipada, el proceso terapéutico exacerbó mis niveles de estrés. A las presiones laborales habituales se sumó un peso emocional adicional que, pese a mis esfuerzos por mantener un equilibrio, enmascaraba una creciente tensión interna. La gestión de las demandas adicionales impuestas por el tratamiento sobre mi bienestar físico y mental representó un desafío significativo. Había días en los que me sentía en plenitud, mientras que otros eran menos alentadores. A pesar de ello, logré establecer un equilibrio mediante mi rutina de natación matutina, aunque persistía una sensación atípica en mi pierna izquierda. Al cabo de unos meses, decidí incorporar el yoga y seguir otras recomendaciones médicas para atender la persistente molestia en la pierna. Coincidentemente, se inauguró un estudio de yoga junto a mi lugar de trabajo, lo que me llevó a modificar mi horario y a sustituir las sesiones de natación por prácticas de yoga. Con el transcurso de las semanas, percibí una disminución gradual de la sensación anómala en la pierna. Aunque en ese momento no comprendía del todo el proceso, era evidente que se estaba produciendo un cambio beneficioso no solo en mi extremidad, sino en mi estado general de salud. Sesión tras sesión, el yoga capturó mi interés y decidí que sería esta disciplina, y no la natación, la que mantendría en mi rutina. Sentía que estaba alcanzando una armonía entre mi bienestar físico y mis responsabilidades laborales. El yoga, reconocido por sus ventajas tanto físicas como psicológicas, incluyendo la atenuación del estrés y el fomento de una sensación de bienestar integral, parecía estar ejerciendo un impacto positivo en mi salud. La reducción de la sensación inusual en la pierna izquierda podría interpretarse como una indicación de cómo la práctica del yoga estaba influyendo favorablemente en mi condición física. Además, la conciencia de un cambio en mi cuerpo y mente sugería que estaba avanzando hacia un estado de mayor equilibrio y bienestar integral.

Mientras tanto, el tratamiento de fertilización proseguía y cada procedimiento y transferencia de embriones se convirtió en esperanzador. A pesar de los avances, el estrés seguía presente, evidenciando que aún no había logrado un equilibrio pleno; apenas estaba en las etapas iníciales de ese proceso. El trabajo mantenía su estatus de prioridad. ¡Vaya que no había asimilado la lección!

Es natural que la odisea de buscar formar una familia mediante la fertilización in vitro se convierta en un viaje emocionalmente arduo y cargado de tensión. La amalgama de altas expectativas, procedimientos médicos y la constante presión laboral puede ser inmensamente agobiante. La práctica del yoga se convirtió en un refugio, un método eficaz para mitigar las tensiones físicas y emocionales.

No obstante, es crucial reconocer que alcanzar el equilibrio es un viaje constante y dinámico. El persistente estrés no era más que un indicativo de que todavía estaba en proceso de calibrar las distintas facetas de mi vida para lograr una armonía más estable y duradera. Si bien el trabajo era preponderante, la salud y el bienestar emocional eran igualmente vitales para preservar la fortaleza durante el tratamiento de fertilización y más allá.

En retrospectiva, hubiera sido provechoso explorar estrategias adicionales para la gestión del estrés, tales como terapia psicológica, grupos de apoyo para parejas en situaciones similares o incluso técnicas de administración del tiempo que facilitarán un mejor balance entre las exigencias laborales, las necesidades personales y de salud mias y las de salud de mi madre.

Desearía haber comprendido la importancia de tratarme con gentileza a lo largo de este proceso y valorar cada paso hacia el bienestar como un triunfo en sí mismo. La paciencia y la constancia eran fundamentales, y era crucial solicitar apoyo cuando fuera necesario, ya sea de mi pareja, familiares, amigos o profesionales de la salud. Lamentablemente, no consideré todas estas opciones y guardé mucho para mí misma.

CAPÍTULO 13: Entre la Esperanza y la Angustia: Un Cumpleaños y una Cirugía

El año 2006 se presentó como un torbellino de emociones, marcado por los desafíos de salud en nuestra familia. En el inicio del año nos encontramos enfrentando una situación médica grave: mi hermana había sido diagnosticada con un tumor neuroendocrino en el páncreas y debía someterse a la cirugía de Whipple, un procedimiento conocido por su complejidad y riesgo.

El 17 de febrero, fecha de la operación, coincidía con el septuagésimo aniversario de mi madre, un día que tradicionalmente hubiera sido de celebración. A pesar de las circunstancias, no podíamos pasar por alto la ocasión, más aún cuando sus hermanos habían hecho el largo viaje desde Mérida para estar con nosotros, aunque terminaron aguardando noticias del quirófano.

Recuerdo vívidamente la mañana de la cirugía. Nos congregamos temprano en la clínica, donde nos condujeron a una sala de espera. Las palabras del personal médico se desvanecían en un murmullo incomprensible para mí, ya que mi mente y mi corazón estaban sumidos en una ferviente oración por el bienestar de mi hermana, mientras luchaba por apartar pensamientos sobre las responsabilidades laborales que me aguardaban.

Contradictoriamente, dejé a mi hermana en manos de los cirujanos y me dirigí a la oficina, aunque mi concentración estaba fragmentada, dispersa entre la preocupación por ella y los deberes profesionales.

La culpa me asaltaba por no permanecer en la clínica, a pesar de que racionalmente sabía que no había nada que pudiera hacer durante la operación.

Finalmente, cediendo ante la ansiedad, dejé la oficina antes de lo habitual y me apresuré de vuelta a la clínica. Tras nueve angustiantes horas, el cirujano emergió con noticias que trajeron alivio a mi alma: la operación había sido un éxito y mi hermana ya estaba en la UCI, iniciando su recuperación.

Esa noche, con la tranquilidad de saber que mi hermana estaba en camino a la mejoría, nos reunimos en casa de mis padres para una conmemoración discreta del cumpleaños de mi madre. La gran fiesta que habíamos planeado quedó pospuesta, pero el espíritu de la ocasión se mantuvo intacto.

Al día siguiente, antes de continuar con la rutina laboral, visité a mi hermana en la UCI. Rodeada de máquinas y tubos, y sin poder hablar, sus ojos me transmitieron un mensaje de tranquilidad, aunque su cuerpo expresaba el frío que sentía.

Durante las dos semanas y media siguientes, mientras mi hermana permanecía hospitalizada, mi sobrina asumió la responsabilidad de cuidarla. Yo estuve presente en lo que pude, compartiendo con ella solo en contadas ocasiones.

Aquellos días fueron extremadamente duros para todos, en particular para ella y su hija, quien asumió la responsabilidad de su cuidado diario. Yo colaboraba en su atención durante los fines de semana, siempre que mis compromisos laborales me lo permitían. La pérdida de peso de mi hermana fue significativa, aproximadamente 20 kilos, dejándola en un peso de solo 43 kilos; era desgarrador verla en tal estado de vulnerabilidad postoperatoria.

La preocupación por su bienestar era compartida por toda la familia; la situación nos había tomado por sorpresa, sin previo aviso ni preparación. En abril de ese año, celebré mi cuadragésimo cumpleaños.

Recuerdo a mi hermana, aún notablemente delgada, y a mi madre, resplandeciente de alegría. Fue una celebración memorable, marcada por el reencuentro familiar y la recuperación de mi hermana, quien ya no requería de la asistencia para su nutrición.

En mayo de aquel año, nos enfrentamos a la devastadora noticia de que a mi madre le habían diagnosticado un cáncer de estómago agresivo y de rápido avance. Este diagnóstico llegó como un golpe inesperado, especialmente porque apenas un año antes había sido dada de alta tras una valiente lucha contra el cáncer de mama. La enfermedad irrumpió en un momento en que mi hermana estaba culminando su propia recuperación, sumiendo a nuestra familia en una nueva prueba de resistencia.

Lejos de resignarnos, tomamos acción inmediata. En junio, los médicos llevaron a cabo una cirugía radical en la que extirparon el estómago de mi madre, en un esfuerzo exhaustivo por detener la progresión del cáncer. A pesar de la gravedad de su estado, la esperanza de prolongar su vida nos impulsó a seguir adelante.

Tras la intervención quirúrgica, mi madre fue sometida a un riguroso régimen de quimioterapia y radioterapia. Desafortunadamente, estos tratamientos tuvieron un efecto adverso en su condición neurológica, acelerando los síntomas del Alzheimer que padecía, y complicando aún más su delicada situación en los meses subsiguientes.

Con profundo pesar, mi madre perdió su batalla contra el cáncer y nos dejó el 30 de diciembre de 2006. Su partida marcó un antes y un después en nuestras vidas, dejando un vacío imposible de llenar y una serie de recuerdos y enseñanzas que perdurarán eternamente en nuestros corazones.

Su partida me sumió en una profunda tristeza, acompañada de ira y resentimiento. Me costaba aceptar su ausencia y me atormentaba la idea de que no había recibido el cuidado que merecía, en parte porque había priorizado mi trabajo sobre mi familia. Me culpé a mí misma, pasando meses en un duelo marcado por el llanto y el auto-reproche, sintiendo que no había estado lo suficientemente presente en sus últimos momentos.

Durante el tiempo que mi madre estuvo bajo tratamiento de quimioterapia, hice esfuerzos por balancear mis responsabilidades laborales, personales, con el cuidado hacia ella. A pesar de acompañarla en sus sesiones, reflexiono sobre si podría haber hecho más. En una ocasión, al salir de la clínica en silla de ruedas, me tomó de la mano y me aconsejó no tener hijos, argumentando que la crianza había cambiado y que las nuevas generaciones parecían traer consigo niños irrespetuosos y malcriados. Sus palabras me impactaron profundamente, especialmente en medio de mi tratamiento de fertilización y me pregunté si sus comentarios tenían relación con esa situación, o si eran reflexiones generales influenciadas por la convivencia con mi hermano y su familia.

El proceso de duelo por la pérdida de mi madre fue profundamente doloroso. La ausencia de su presencia se hacía más palpable cada vez que visitaba a mi padre, y los recuerdos de ella me inundaban. Anhelaba, incluso por un breve momento, poder decirle una vez más cuánto la amaba.

En aquellos días críticos, había planeado un viaje que tuve que cancelar abruptamente al enterarme de su estado grave. Al llegar a la clínica, la encontré bajo sedación. Me despedí y, poco después, ella falleció. Sentí como si hubiera esperado mi llegada para poder partir en paz.

Durante los dos años siguientes, me aferré a la rutina de visitar su tumba semanalmente, llevando flores y lidiando con un sentimiento de culpa por no haber estado a su lado en sus últimos días. Sin embargo, llegó un punto de inflexión en el que reconocí que siempre le había brindado lo mejor de mí y que su partida no fue mi responsabilidad. Me di cuenta de que había llegado el momento de cerrar ese capítulo y seguir adelante con mi vida.

Mi salud había sufrido debido a la exigencia constante a la que me había sometido. Aproximadamente un año y medio antes de tomar la decisión de retirarme de la corporación donde trabajaba, asistí a una conferencia en Maracaibo donde escuché hablar a Omar Villalobos, un conferencista mexicano. Sus palabras resonaron en mí y me impulsaron a priorizar mi bienestar sobre mi carrera. Comencé a entender que debía tomar decisiones vitales sin temor y salir de mi zona de confort, me preparé para mi salida y, finalmente, dejé la corporación que había sido parte integral de mi vida durante más de una década, marcada por estrés y enfermedades, para dar un nuevo rumbo a mi existencia.

Para purificar mi mente, me inscribí en cursos de Fotografía, "Cómo Aprender a Escribir un Cuento", Escritura Creativa, y realicé un diplomado en Vinos y Bebidas Espirituosas. También participé en teatro y otros cursos que fomentaron mi higiene mental. Mi objetivo era distanciarme completamente del mundo corporativo y abrazar mi nueva realidad, una que ya no incluía la presencia física de mi madre. Me esforcé por adaptarme a su ausencia y superar los intentos fallidos de embarazo.

Decidí vivir de manera más serena, enfocándome en nuevos proyectos y en el cuidado de mi padre, enfrentando juntos los desafíos familiares que surgían. En este período de introspección, opté por unirme a un grupo de yoga, buscando equilibrio y paz interior.

CAPÍTULO 14: Umbrales de Incertidumbre

En 2011, mi ciclo menstrual se tornó caótico. Las menstruaciones eran frecuentes y venían con sangrados copiosos. Me hallaba en una edad que consideraba madura, pero aún distante de la menopausia, una etapa que mi mente se negaba a asimilar. La menopausia era un cambio que había observado en mi madre y otras mujeres de mayor edad, no algo que me sucedería a mí, a mis 46 años, con un ciclo menstrual tan impredecible.

Busqué orientación médica y la ginecóloga me sometió a una serie de pruebas: análisis de sangre, ecografías abdominales y pélvicas, mamografías y ecografías mamarias, entre otras. La irregularidad de mi ciclo motivó la inclusión de un examen adicional: el marcador tumoral CA-125. Una llamada del bioanalista principal me alertó sobre una anomalía y la urgencia de una consulta médica inmediata, debido a un nivel elevado de CA-125.

En 2012, me enfrenté al diagnóstico de miomas uterinos y un quiste en el ovario izquierdo, acompañado de un CA-125 alto, lo que implicaba una cirugía. Se reanudó el ciclo de pruebas preoperatorias: ecografías, tomografías, resonancias y una consulta con el cirujano. Elegí al mismo profesional que había tratado a mi madre y a mi hermana, con la confianza de estar en manos de uno de los mejores cirujanos de Venezuela.

La cirugía planeada era una extirpación del quiste ovárico mediante laparoscopia, un procedimiento mínimamente invasivo con una hora de duración en quirófano, un día de hospitalización y una semana de convalecencia. Tras la aprobación de la compañía de seguros, que no cubrió la totalidad de los gastos, me vi enfrentada a un estrés financiero adicional antes de la operación.

Con la fecha de la cirugía fijada, luchaba por mantener la calma frente a la angustia y la ansiedad que me consumían. En la víspera, el sueño me abandonó; mi mente se vio asediada por pensamientos oscuros y el temor a lo desconocido. A pesar de la brevedad del procedimiento y de haber elegido a un cirujano de renombre, una tormenta de dudas y miedos me asaltaba: "¿Y si no despertaba después de la operación?".

La mañana siguiente, me desperté esforzándome por alejar los pensamientos negativos, convenciéndome de que todo iría bien. No obstante, una parte de mi mente sembraba inquietudes con preguntas perturbadoras: "¿Y si no despierto de la operación?". Eran pensamientos intrusivos, similares a los que experimenté antes de mi primera cirugía. Se trataba de un conflicto interno, de esas luchas silenciosas que se libran en la mente y que resultan implacables, especialmente cuando estamos inundados de miedos y dudas. Mi esposo me acompañó hasta un extenso pasillo que culmina en una puerta de cristal. Nos fundimos en un abrazo y nos besamos con la ternura de nuestros días de noviazgo. Me separé de él con pesar y lágrimas en los ojos; él parecía incluso más ansioso que yo. Proseguí mi camino hasta el final del pasillo, donde me esperaban para prepararme y llevarme al cubículo pre quirúrgico, aguardando mi turno para la operación. Me insertaron el catéter intravenoso y tuve una breve charla con el cirujano. Después llegó el anestesiólogo, quien me administró la inyección y me colocó la máscara de oxígeno, solicitándome que contara hasta diez. Solo recuerdo haber llegado a seis antes de perder la conciencia. Al despertar, estaba en la sala de recuperación. Vi a mi ginecólogo, quien había asistido en la cirugía, y recuerdo sentir un frío intenso; estaba temblando. Me preguntaron cómo me sentía; tenía tanto frío que no lograba hablar y experimentaba un dolor en el abdomen. Gradualmente, comencé a entrar en calor después de que me cubrieron con mantas y activaron la calefacción. Experimentaba una sensación muy incómoda en la zona vaginal debido a una sonda que me habían colocado, ¡una molestia considerable! Lo más difícil fue tener que soportar la sonda desde que salí de la cirugía hasta la mañana siguiente. Pasé la noche con la incomodidad de la sonda y dolor abdominal, pero era un dolor tolerable. Al día siguiente, me sentía mejor y recibí el alta médica. En casa, guardé reposo absoluto durante tres días, siguiendo la medicación prescrita. Luego, gradualmente, retomé mis actividades cotidianas, día tras día. Recuerdo que, durante los tratamientos de fertilización, el ginecólogo me mencionó la presencia de un pequeño mioma de menos de 1 cm, asegurándome que no era preocupante, ya que era diminuto y no interfería con el procedimiento en curso. Me pregunto, "¿habría crecido ese mioma desde que inicié los tratamientos de fertilización?".

Me pregunto si las hormonas administradas durante los tratamientos in vitro pudieron influir en el desarrollo del mioma. Sin embargo, he optado por no profundizar en esta cuestión, también llegué a cuestionar qué había pasado en cada procedimiento y qué había pasado con todos los embriones transferidos; no logré obtener respuesta, llegó un momento que decidí no seguir indagando. En el momento de la cirugía, el mioma medía cerca de 10 centímetros. El cirujano enfrentó dificultades para extraerlo, lo que requirió una incisión mayor de lo previsto en la laparoscopia. Aunque me asalta la duda sobre los posibles efectos secundarios de los tratamientos, el resultado final no fue el esperado. Cabe mencionar que no todas las mujeres experimentan resultados adversos; muchas logran concebir y tener embarazos múltiples. En mi caso, no fue así.

"Mioma, se desconoce la causa exacta de su aparición, sin embargo, hay evidencias de que su crecimiento tiene en parte relación con los estrógenos y otras hormonas femeninas. Por otro lado, el factor hereditario también puede tener influencia en la aparición de los miomas".

Clínica Eugin

Después de la operación, mantuve un nivel de actividad física moderado, aumentando la intensidad según mi tolerancia y evitando ejercicios que pudieran afectar mi abdomen. Inicialmente, incorporé caminatas a mi rutina, aunque no eran de mi agrado, y con el tiempo, retomé las clases de yoga con precaución, aumentando gradualmente la frecuencia. Mi vida era equilibrada; tenía una carga de trabajo manejable, practicaba yoga, cuidaba de mi padre y viajaba ocasionalmente. A pesar de estar en buenas condiciones, el cambio a un ritmo de vida más tranquilo me generaba estrés. Algunos días trabajaba hasta diez horas, mientras que otros apenas pasaba unas cuatro horas frente al ordenador. Esta nueva rutina me resultaba extraña y, en cierto modo, resistía a comprenderla, acostumbrada como estaba a un estilo de vida estresante y agotador.

Un día, mientras movía una pesada mesa de marmolina en casa, sentí un chasquido en mi columna. El dolor en mi pierna izquierda, ausente desde mi operación de columna hace nueve años, volvió con una intensidad abrumadora.

CAPÍTULO 15: Reincidencia Quirúrgica - Reflexiones y Aprendizajes

Enfrentarse nuevamente al quirófano por la misma patología es una señal de alerta sobre nuestras acciones previas en cuanto a la salud. El autocuidado es esencial para nuestro bienestar. En junio de 2014, mi negligencia en este aspecto me condujo a una segunda cirugía de columna. El desencadenante fue un movimiento imprudente al trasladar una pesada mesa de marmolina, lo que tuvo consecuencias en mi columna vertebral. A las dos semanas de escuchar un crujido en mi espalda, me desperté con un dolor agudo en la pierna izquierda, distinto y más severo que el anterior, que me dejaba casi inmovilizada. Los calambres y la sensación de parálisis eran desconcertantes.

Consulté a una neurocirujana, que, tras una evaluación, diagnosticó una hernia discal y solicitó una resonancia magnética para confirmar su diagnóstico y definir el tratamiento pertinente. Mientras tanto, prescribió antiinflamatorios y analgésicos.

Diagnóstico: Informe Médico de Neurocirugía

- Protusión discal en L2-L3, lateral izquierda.
- Hernia discal en L4-L5.
- Hernia discal central en L5-S1 con estrechamiento de ambos forámenes intervertebrales en ese nivel.
- Reducción del espacio intervertebral en C4-C5 y C5-C6 con formación de osteofitos marginales.

El abordaje médico incluyó medicación antiinflamatoria y analgésica, limitación de actividades físicas y deportivas, y un programa de rehabilitación de aproximadamente 20 sesiones, que no completé. Me cuestionaba por qué debía atravesar una situación similar a la vivida hace más de 9 años, con un dolor aún más insoportable. La ventaja esta vez era mi flexibilidad laboral, ya que trabajaba por mi cuenta y podía descansar según lo necesitara mi cuerpo, lo cual era un consuelo. No tener que justificarme ante superiores insensibles al dolor ajeno era un alivio, considerando que en relaciones de dependencia laboral, a menudo solo se valora el rendimiento al máximo, sin atender al perjuicio que esto pueda ocasionar a la salud.

Me invadía la tristeza y la irritabilidad, deseando poder revertir el tiempo, algo que sabemos es imposible. Ya había enfrentado esta situación y no era justo sufrir nuevamente por un descuido, por intentar hacer más de lo que mi cuerpo podía al mover esa mesa. Me consumía la frustración por no haber sido más precavida.

Solo por querer ver la sala diferente... ¿Qué nos pasa a nosotras las mujeres? ¿Acaso no podemos conformarnos con las cosas tal como están? Parece que siempre tenemos que demostrar que somos súper mujeres, pero todavía no he descifrado a quién tratamos de impresionar.

Debido a un deterioro neurológico progresivo que no cedía ante analgésicos, ya fueran orales o intravenosos, ni ante la terapia física, se tomó la decisión de proceder con una intervención quirúrgica. Esta decisión se tomó después de aproximadamente cuatro meses de tratamiento, durante los cuales el dolor no hizo más que intensificarse. Al principio, las sesiones de rehabilitación parecían prometedoras; de hecho, tras dos semanas, mi mejoría fue notable. Sin embargo, después de ese breve periodo de alivio, mi columna sufrió un cambio drástico: el dolor se intensificó alarmantemente, superando el nivel inicial y limitando severamente mi movilidad.

Recuerdo que por las mañanas, el simple acto de ir de la cama al baño se convertía en una odisea. Si me cepillaba los dientes, no podía sentarme en el inodoro para orinar debido al intenso dolor en mi pierna izquierda, que me forzaba a mantenerla elevada, por la incomodidad de orinar en esa posición. El dolor, que se extendía desde la pierna hasta el coxis, alargaba desmesuradamente el tiempo necesario para completar estas rutinas matutinas. Después, regresaba a la cama para tomar calmantes y alternar frío y calor, en busca de algún alivio que me permitiera levantarme para desayunar. Esos momentos estaban cargados de angustia y dificultad. El dolor era constante y abrumador, sin importar si estaba de pie, sentada o acostada.

Las tres últimas semanas antes de la cirugía fueron particularmente aterradoras; la angustia me impedía pensar con claridad y me encontraba constantemente quejándome en silencio, buscando una posición que me ofreciera un mínimo de confort. Me atormentaban sentimientos de culpa, ira, desesperación y miedo. Anhelaba los momentos libres de dolor y envidiaba a aquellos que, como mi esposo, se movían con facilidad. Me perdía en pensamientos ilusorios, deseando que mi pierna izquierda estuviera libre de dolor como la suya. Ansiaba volver a una vida sin sufrimiento.

La cirugía consistía: un abordaje lumbar posterior, hemilaminectomía de L5 y S1, microdiscectomía L5-S1 izquierda y la correspondiente descompresión radicular.

La operación que se había programado era más invasiva que la anterior. En Venezuela, para el año 2014, la escasez de materiales quirúrgicos, medicamentos, equipos médicos, y alimentos era palpable en todos los sectores. Esta situación me obligó a esperar un tiempo considerable antes de poder ser intervenida quirúrgicamente, ya que era imprescindible que la Dra. contara con todos los instrumentos y fármacos necesarios. Aproximadamente una semana antes de la fecha prevista para la cirugía, un equipo esencial se averió en la clínica y no se encontraban repuestos disponibles. La ausencia de este equipo me impedía acceder al quirófano.

Ante esta circunstancia, la Dra., que también ejercía en un hospital público, propuso trasladar la operación a dicho lugar, donde disponían del equipo requerido. En tiempos mejores, este hospital en Caracas había sido uno de los más emblemáticos y reconocidos, cuna de postgrados y formador de algunos de los médicos más distinguidos del país. Sin embargo, en aquel momento, el hospital atravesaba una fase crítica, reflejo del deterioro general de los servicios médicos públicos en Venezuela. La gestión gubernamental dejaba mucho que desear, con una tendencia a la degradación de todo lo que caía bajo su jurisdicción.

Decidí rechazar la sugerencia de la Dra. de operarme en el hospital. La idea de permanecer sola en un lugar que me inspiraba temor y desconfianza, dada la reputación de los hospitales en ese entonces, no era una opción para mí. Las condiciones no eran propicias para que mis seres queridos, mi esposo o mi hermana, pudieran acompañarme. Opté por soportar el dolor y esperar las dos semanas necesarias para que repararan el equipo en la clínica.

Finalmente, llegó el día tan anhelado de mi tercera intervención quirúrgica. A pesar de no sentirme tan nerviosa como en ocasiones anteriores, no pude evitar sentir algo de miedo. La noche previa logré conciliar el sueño, aunque con cierta ansiedad, recordando que hacía dos años había estado en una situación similar. Llegamos a la clínica temprano en la mañana, el seguro ya había dado su aprobación, realizamos los trámites de admisión en ayunas y nos dirigimos a la sala de espera acompañada de mi esposo y mi hermana. Las horas transcurrían y no me llamaban para entrar al quirófano, lo cual me desconcertaba, ya que mi operación estaba programada para las 9:00 a. m. Al llegar las 12:00 a. m., mi inquietud creció y comencé a indagar sobre el retraso, manteniéndome en ayunas ante la posibilidad inminente de ser llamada.

Me informaron que se habían programado varias cirugías para ese día y que los quirófanos estaban ocupados, por lo que debía esperar mi turno. La Dra. había estado en cirugías desde temprano, y aunque no recuerdo el motivo exacto, fue al final de la tarde, cerca de las 4:00 p. m., cuando me comunicaron que mi operación no se llevaría a cabo ese día.

Después de más de veinte horas sin comer, mi estómago estaba en un estado lamentable. A mi lado, unos parientes de avanzada edad murmuraban con más intensidad que yo. Finalmente, decidimos ir a un restaurante y la recomendación fue que comiera un caldo o algo suave, dada la prolongada inactividad de mi sistema digestivo. La comida transcurrió en un ambiente ameno y agradable, y decidí no pensar en la operación, tomar ese momento como si no fuera el día de mi operación, adoptando una actitud positiva. Me informaron que la cirugía sería reprogramada y, efectivamente, me convocaron al quirófano unos días después. Esta vez, fui llevada directamente a la sala de espera quirúrgica, donde aguardé aproximadamente una hora. Mi esposo me acompañó, brindándome consuelo hasta que la doctora anunció que mi ingreso a cirugía era inminente. Tras la colocación de la vía intravenosa, me dirigí al pabellón. El anestesiólogo confirmó mi ausencia de alergias a medicamentos y, tras administrarme la anestesia y oxígeno, me sumí en un sueño profundo al contar hasta seis o siete.

La operación duró entre dos y tres horas, seguida de una noche de hospitalización. Al despertar en recuperación, me encontré sola, una novedad respecto a experiencias previas. A pesar de la leve molestia postanestesia, me sentía bien y comencé a mover las piernas, recordando cómo el Dr. había hecho lo mismo tras mi primera cirugía. Confiada, fui trasladada a mi habitación, donde me esperaban mi esposo, mi hermana y otros familiares con sonrisas alentadoras. Tras mi llegada, se retiraron para que pudiera descansar, quedándose solo mi esposo.

La noche transcurrió con la ayuda de calmantes, que descubrí que eran también mi pasaporte al sueño. Las enfermeras realizaban sus rondas habituales, controlando mi temperatura y tensión, y administrando el tratamiento prescrito. A la mañana siguiente, me levanté para asearme y la sensación fue indescriptiblemente placentera; me sentía renovada, aunque con el dolor típico postoperatorio. La doctora, satisfecha con mi evolución, me dio el alta. Recibí las instrucciones de cuidado y los medicamentos necesarios. A pesar de recibir el alta al mediodía, no salí hasta la tarde debido a los trámites administrativos de la clínica.

Regresé a mi hogar, me recosté y seguí con diligencia las recomendaciones médicas. Me encontraba notablemente recuperada. Durante la revisión postquirúrgica, la doctora confirmó que mi estado era óptimo y me proporcionó un detallado régimen de cuidados posteriores. Cumplí con una semana de descanso absoluto, seguida de otra semana de reintegración progresiva a mis actividades cotidianas. Durante un mes completo, me dediqué a cuidarme con esmero. En esta etapa de recuperación, se me instruyó utilizar una faja lumbar por tres meses y someterme a terapia física, medidas adicionales no requeridas tras mi primera cirugía de espalda. Me embargaba la felicidad de retomar la actividad, aunque fuese con precauciones, y anhelaba que el tiempo transcurriera para reanudar plenamente mi vida habitual. Esta vez, estaba plenamente consciente de la relevancia de atender mi bienestar.

Recuerdo con cariño que mi hermana optó por acompañarme durante este periodo, brindándonos la oportunidad de convivir intensamente durante un mes. Fue una época enriquecedora de conversaciones y momentos entrañables, rescatando la cercanía que habíamos relegado. Mi esposo nos mimaba a diario, agasajándonos con dulces, donas y otras tentaciones, que disfrutamos sin reservas. A lo largo de ese mes, empecé a integrar paseos breves para ejercitar las piernas. Al cumplirse el mes, inicié sesiones de fisioterapia en casa, que incluían ejercicios para las piernas y la espalda, tres veces por semana, con sesiones de 30 minutos cada una, durante aproximadamente dos meses, aunque los detalles se me escapan. Además, añadí caminatas matutinas de 20 a 30 minutos, acompañada por mi esposo, ya fuera en el Parque del Este o en el parque cercano a nuestro hogar. Gradualmente, retomé mis prácticas de yoga, ajustándose a mi capacidad física. Inicialmente las realizaba en casa y, tras algunos meses y sintiéndome más segura, decidí incorporarme a las clases grupales de yoga los martes y jueves.

CAPÍTULO 16: Renacimiento tras el bisturí

Después de mi tercera cirugía y reincorporarme a mis actividades cotidianas, comencé a interesarme por la meditación. Aunque incorporé esta práctica a mi rutina, no logré mantenerla de forma constante. Participé en retos de meditación de 21 días con Deepak Chopra e Ismael Cala, pero una vez finalizados, dejaba de meditar regularmente. A pesar de sentirme bien cuando lo hacía. Esta práctica fue incorporada diariamente, posterior a mi cuarta cirugía.

La meditación: "Es un método extraordinario para aumentar todo nuestro potencial interno. Con esta técnica milenaria conseguiremos transformar experiencias de la vida cotidiana en oportunidades de disfrute y de crecimiento interno.

La meditación nos permite familiarizarnos con lo que llamamos 'mente', y con la práctica de las técnicas meditativas entramos en un camino de descubrimiento interno y de desarrollo personal".

Ven. Lama Dondrub.

Beneficios de la Meditación

La meditación puede dar una sensación de calma, paz y equilibrio que puede beneficiar tanto el bienestar emocional como la salud en general.

También se puede usar para relajar y lidiar con el estrés al enfocar tu atención en algo que te calme. La meditación puede ayudar a llevar adelante el día de manera más calmada y controlar los síntomas de ciertas afecciones médicas.

Los beneficios emocionales y físicos de la meditación incluyen:

- **Tener una nueva perspectiva de las situaciones estresantes.**
- **Aumentar la autoconciencia.**
- **Enfocarse en el presente.**
- **Reducir las emociones negativas.**
- **Aumentar la imaginación y la creatividad.**
- **Aumenta la paciencia y la tolerancia.**
- **Bajar la frecuencia cardiaca.**
- **Bajar la presión arterial en reposo.**
- **Mejora la calidad del sueño.**

Mayo Clinic.

Llevaba una vida normal, como cualquier otra persona en un país donde la calidad de vida disminuye día a día, aprendiendo a sobrellevar los problemas y a entender un entorno hostil lleno de desafíos sociales, políticos y económicos, además de los problemas rutinarios familiares. Siempre con nuevos proyectos en mente, un viaje de vez en cuando, buscando las mejores alternativas para sobrellevar nuestro entorno y despidiendo cada día a las nuevas generaciones que salían del país en busca de nuevas oportunidades de vida.

Me sometí a dos cirugías más entre 2017 y 2018: la cuarta (Whipple) y la quinta (Paratiroides). Capítulos 3, 4, 7, 8. Tras la operación del Whipple, desarrollé diabetes, la cual he aprendido a aceptar y manejar con disciplina. Esta experiencia me ha enseñado a valorar la vida. Decidí hacer un cambio positivo, entiendo que se me había regalado una nueva oportunidad para seguir viviendo, entendí que incorporar nuevas rutinas eran esenciales para mi bienestar. Esto no significa que de vez en cuando no me permita ciertas licencias ocasionalmente; si lo hago, soy consciente de ello, he logrado reducir la cantidad de insulina y la frecuencia de inyecciones diarias, indicadas cuando fue diagnóstica en diciembre del 2017, gracias a mi compromiso personal. Reconozco la importancia de la disciplina, el esfuerzo y la constancia para alcanzar nuestras metas de bienestar. Durante mi vida profesional, obsesionada con la perfección y la validación externa, me di cuenta de que estaba limitada por mis propias creencias y apegos materiales. Hoy en día, entiendo la importancia de cuidar mi salud y de no dejarme llevar por las expectativas sociales, valorando más mi bienestar personal.

Hoy en día he aprendido que no tengo que demostrarle nada a nadie; solo debo demostrarme a mí misma lo que soy y lo que quiero, sin la aprobación de las demás personas. Solo importa cómo me siento como ser humano; soy libre de pensar y de hacer lo que me plazca. Me di cuenta de que en la vida se toman decisiones buenas y malas; de las malas siempre aprendo algo. Tomo lo mejor y lo positivo de esa experiencia y lo que no me sirve, lo desecho. De lo feo trato de ver lo bonito. Es por ello que ahora me dedico a mí como persona, aprendí a quererme y valorarme, aprendí que debo alejarme de las personas tóxicas. Aprendí que el pasado quedó atrás, un día decidí meterlo en una caja y tirarlo al mar, y continuar con mi vida. Le doy a mi ser, a mi alma y a mi cuerpo lo mejor de mí. La meditación, la práctica de yoga, ejercitar mi cuerpo y cuidar mi alimentación son esenciales e importantes para mi día a día, la conexión conmigo misma y esa energía interior. Estoy más conectada con mi ser. Incorporo a mi agenda nuevos entrenamientos, talleres, seminarios, tanto en el ámbito personal como profesional. Cada vez que sirvo a alguna persona, doy un donativo, un consejo, una asesoría, me siento bien, agradecida de poder aportar en algo a la persona que lo necesita. En la actualidad, trabajo como asesor inmobiliario; me encanta lo que hago, lo amo, conocer nuevas personas y servirles es algo que me llena de placer, aporto a mis clientes lo mejor de mí como persona y profesional. Trabajo a mi propio ritmo con una agenda tanto personal como profesional. Es por ello que cada día trato de buscar lo mejor de mí, viviendo y cultivando el presente.

Me hubiera gustado hacer las cosas de manera diferente. Mirando hacia atrás, sí me hubiera gustado; lamentablemente, no lo hice. Dejé de lado cosas importantes para mi crecimiento profesional y personal. Viéndolo desde otro enfoque, logré sacar a mi familia adelante, enseñándoles que con disciplina, trabajo, esfuerzo, dedicación y ganas se logran los objetivos que queremos alcanzar en nuestra vida. Logré darles a mis padres una mejor calidad de vida en sus últimos años, eso valió la pena. Me hubiera gustado quererme primero, antes de poner las prioridades de otros ante las mías, haber sido menos perfeccionista y menos controladora, no querer ser la súper mujer y no poner un escudo protector ante los ojos de los demás por el qué dirán. Arreglar la vida de los demás sin importar qué pasaba en la mía fue un error. Un día me di cuenta de que tenía que sacarme de encima las 'vacas' que había en mi vida y me costó, pero aprendí. Aprendí a decir No. Soy frágil y vulnerable ante cualquier circunstancia de mi vida, aprendí a transformar el dolor en fuerza. Aprendí a perdonar y a perdonarme. Hubiera preferido ser menos confiada y más precavida. No tengo prejuicios. Si alguna persona pide mi ayuda, la doy si está a mi alcance y lo hago de corazón. He experimentado pérdidas de seres queridos, varias pérdidas económicas y otras pérdidas que la vida me ha presentado, en cada una de ellas viví el duelo, lo entendí y lo superé. Aprendí a desapegarme de las cosas y las personas. Hoy en día entiendo que debo buscar mi propósito de vida (Ikigai).

Ikigai: es una filosofía japonesa, se le atribuyen varios significados: "una razón para levantarse por las mañanas", "propósito de vida", "el significado de tu vida", "razón de ser". "Es una mezcla de lo que amas con lo que necesitas o crees que necesita el mundo, aquello por lo que te pueden pagar y en lo que crees que eres bueno", "cuando mezclas lo que amas con lo que eres bueno, aparece tu pasión".

Me siento bendecida y agradecida por todas las cosas que el universo me ha proporcionado. A pesar de los pesares, estoy viva, respirando cada amanecer que la vida me regala y dando gracias por existir. Todos los días agradezco haber encontrado el tumor en el páncreas a tiempo, cuando apenas empezaba y era operable. Cada día veo mi cicatriz en el estómago y le doy las gracias por acompañarme en cada instante de mi vida, porque estoy bien, sana y no estoy en otra situación de vulnerabilidad en la cual pudiera lamentar. Trato cada día de entender que tenemos días buenos y malos, disfrutando de los buenos y aprendiendo de los malos, abierta a las nuevas oportunidades que el universo tenga previstas para mí. Soy una mujer feliz a pesar de los pesares, a pesar de vivir en un país donde no es el mejor del mundo debido a los problemas sociales, políticos y económicos, Venezuela es hermosa por sus maravillas naturales y su gente maravillosa, la amo y tengo la esperanza que en el futuro cambie para mejor. Hemos vivido 3 reconversiones en los últimos 15 años, donde le han quitado 14 ceros a la moneda. A pesar de las adversidades y del contexto de Venezuela, decidimos quedarnos, ya que trasladarnos a otro país significa llevarnos los problemas y enfrentar otras realidades. Hemos aprendido a levantarnos en cada caída y seguir adelante, trabajando y sobreviviendo a cada situación presentada. Damos gracias a Dios por un nuevo amanecer y anochecer.

"Cada día que vivimos es una bendición, nunca sabes cuándo se va a acabar el tiempo que tenemos. Todos tenemos una cantidad finita de tiempo en este mundo, y lo que tenemos que hacer es estar agradecido por ello".

Olivia Newton-John

www.ingramcontent.com/pod-product-compliance
Lightning Source LLC
LaVergne TN
LVHW041538060526
838200LV00037B/1047